ELSE
BUSCHHEUER
**HIER NOCH WER
ZU RETTEN?**

ELSE BUSCHHEUER
HIER NOCH WER ZU RETTEN?

ÜBER DIE LIEBE, DEN TOD
UND DAS HELFEN

HEYNE ‹

Alle Geschichten in diesem Buch beruhen auf wahren Erlebnissen – manche Namen, Orte und Erkennungsmerkmale wurden zum Schutz der Beteiliigten verfremdet.

Verlagsgruppe Random House FSC® N001967
2. Auflage
Copyright © 2019 by Wilhelm Heyne Verlag, München,
in der Verlagsgruppe Random House GmbH,
Neumarkter Str. 28, 81673 München
Umschlaggestaltung: Eisele Grafik Design, München
Umschlagfoto: © Astrid Weiske
Satz: Leingärtner, Nabburg
Druck und Bindung: Pustet, Regensburg
Printed in Germany 2019
ISBN 978-3-453-20288-7

www.heyne.de

»Ich setzte den Fuß in die Luft,
und sie trug.«

HILDE DOMIN

Für Sabine Knoll

VORWORT

Im Folgenden wird erforscht:
das sogenannte Helfersyndrom

Frauen sind angeblich von Haus aus fürsorglicher. Nach allem, was ich inzwischen über mich weiß, bin ich eine untypische Frau. Ich tanze gern aus der Reihe – trotzdem ziehe ich schneller mein Hilfsangebot aus der Tasche als John Wayne den Colt.

Liegt der Grund dafür im Mangel oder im Übermaß? Wovon wird das Verhältnis zwischen Selbstsucht (zu viel) und Selbstlosigkeit (zu wenig) reguliert? Ist selbstloses Helfen für einen »selbst-bewussten« Menschen überhaupt möglich? Ist es gesund, eigene Bedürfnisse zugunsten anderer zu unterdrücken?

Ist manchen Menschen das Wegschenkenwollen in die Wiege gelegt, wird diese Charaktereigenschaft biografisch erworben? Wir alle schlingern zwischen Arm und Reich, Gleichschaltung und Individualität, Gut und Böse. Aber manche von uns sind glückliche Sklaven im Steinbruch fremder Herren. Warum? Warum denn nur? Was treibt uns an, ungebeten an anderen herumzureparieren, unsere Lebenskraft mit Riesenkannen in fruchtlose Baustellen zu gießen, zwang- und reflexhaft andere retten, heilen,

»besser« machen zu wollen? Was versprechen wir uns davon? Anerkennung? Liebe? Transzendenz?

Haben wir Menschen einen eingebauten Schieberegler zwischen Altruismus und Egoismus, der der Feinregelung bedarf? Brauchen wir einen Endorphinschub, der ohne Alkohol und Drogen jederzeit – und auch noch zum Wohle Dritter – herstellbar ist? Ist es vielmehr einfach Teil unserer Natur, anderen zu helfen? Sind wir Helfenden die eigentlich Normalen? Die Welt ist ungerecht. Können wir anderen das wirklich tatenlos mit ansehen? Und falls ja, was macht das mit uns? Stumpfen wir ab wie Soldaten im Krieg? Leiden wir dann am Nichthelfersyndrom?

Wer bin ich? Wer will ich sein? Was bleibt, wenn man sich selbst wie eine Zwiebel schält? Gibt es Freiheit in der Bindung? Wer drückt die Knöpfe, wenn ich futschikato bin? Werden alle Menschen Brüder? Und falls ja, was ist dann mit der weiblichen Energie, nach der ich mich so sehne?

Wohin die Reise geht? Wohin sie für uns alle geht: nach Haus! Zu uns selbst.

GRUPPENMEDITATIONEN

Die unterbrochene Hinbewegung

Wir sollen nicht mit überschlagenen Beinen sitzen. Wir sollen die Augen schließen und gleichmäßig atmen. Wir sollen uns das kleine Kind vorstellen, das wir einmal waren. Wir sollen die Hand des kleinen Kindes, das wir einmal waren, ergreifen. Wir sollen das kleine Kind, das wir einmal waren, beim Namen rufen. Wir sollen in das kleine Kind, das wir einmal waren, hineinschlüpfen.

Wir sind nun im Kinderkörper. Wir hören unsere Kinderherzen pochen. Wir tapsen mit unseren Kinderfüßen über die Dielen.

Zur Mutter. Dort ist sie. Die Mutter ist in der Küche. Sie macht Essen. Wir nähern uns der Mutter und legen unsere kleine klebrige Hand auf ihren Oberschenkel, auf ihren Rock. Sie reagiert nicht. Wir rufen sie, wir zupfen am Rocksaum. Sie reagiert nicht.

Wir sollen nicht mit überschlagenen Beinen sitzen. Wir sollen die Augen schließen und gleichmäßig atmen. Wir sollen uns die berufstätige Frau vorstellen, die wir sind. Wir sollen in die berufstätige Frau, die wir sind, hineinschlüpfen.

Wir sind nun im Körper der Frau. Wir sind gerade nach Hause gekommen, verschwitzt und müde. Wir müssen Wäsche waschen. Wir müssen einen Brief an die Krankenkasse schreiben. Wir müssen telefonieren und gleichzeitig kochen.

Wir hören die Kinderfüße, die über die Dielen tapsen.

Wir spüren die kleine warme Hand auf unserem Bein. Wir reagieren nicht. Jetzt nicht, denken wir. Wir spüren das Zupfen an unserem Rocksaum. Nerv nicht, denken wir. Ich kann grad nicht.

GUTMENSCH, GESCHEITERT

Aufzeichnungen aus New York, East Village, 2002

Ein Obdachloser vorm Tempeleingang. Ein kalter Morgen, der Himmel über New York tief und nass, zum Auswringen. Jackenwetter. Regenschirmwetter. Ich hocke mich neben ihn. Also, es ist jetzt nicht so, dass ich mich neben jeden Obdachlosen in New York hocke, obwohl das ein tagesfüllender Job wäre und gut für das Training der Beinmuskulatur, aber in diesem Fall muss ich einfach.

Der Mann sieht aus wie der Renoir-Fälscher aus dem *Amélie*-Film, der mit der Glasknochenkrankheit. Denselben traurigen, klugen Ausdruck im von Alkohol verwüsteten Gesicht. Er zittert am ganzen Leib. Er riecht nach Scheiße.

Seine Ohren sind dreckverkrustet, seine Kopfhaut von einer Flechte überzogen. In seinem entzündeten Gesicht hängen Hautfetzen. Das Weiße in seinen Augen ist rot. Er trägt ein kurzärmeliges T-Shirt. Neben ihm steht eine Papptüte mit Schnapsflasche drin. Ich frage ihn, wie er heißt. Er antwortet, aber ich kann ihn nicht verstehen. Er hat keine Zähne mehr und spricht ganz leise. Ich frage ihn, ob er Hunger hat. Er sagt nix. Ich sage, es reicht, wenn er nickt. Er nickt. Also gehe ich hoch und hole ihm einen Bagel und etwas Obst. Er nimmt den Bagel in die Hand, dreht ihn und sieht ihn verwundert an. Dann gibt er ihn mir zurück. »Ich kann das nicht essen, Girl«, sagt er. Dasselbe mit dem Obst. Er nimmt es, riecht daran, gibt es mir wieder.

Ich frage ihn, ob er Durst hat. Er sagt nix. Ich sage, es reicht, wenn er nickt. Er nickt. Also gehe ich wieder hoch und mache ihm eine Tasse Tee. Ich brauche eine Weile, aber er ist noch da, als ich zurückkomme. Er hält die heiße Tasse in der Hand und riecht daran. »Ich kann das nicht trinken, Girl«, sagt er und gibt sie mir zurück.

Ich hocke noch eine Weile da, ratlos, die Teetasse in der Hand, und schweige mit ihm. Dann bietet er mir von seinem Schnaps an. »Ich trinke nicht«, sage ich. Er bietet mir von seinen Zigaretten an. »Ich rauche nicht«, sage ich. Ich frage ihn, ob er mit reinkommen will, ein Bad nehmen. »Ich bade nicht«, sagt er. Ich frage ihn, ob er mit in den Tempel kommen will, beten. »Ich bete nicht«, sagt er und lächelt zahnlos. »Du siehst, Girl, wir passen nicht zusammen.«

WARUM MACHST DU DAS?

(Also, ICH könnte das nicht)

Das Schönste am Fasten ist der Tag, an dem der Hunger verblasst und der Geist sich in lichte Höhen aufschwingt: das sogenannte Fastenhoch. Einmal las ich während eines Fastenhochs in einer Zeitung ein Interview mit der Milliardärin Susanne Klatten. »Wenn man mit Mitte fünfzig für viele immer noch ›die Erbin‹ ist, ist das schon befremdlich«, sagte sie.

Ich setzte mich hin und schrieb ihr. Dass sie aktiv ihren Namen mit einer großen Aufgabe verbinden müsse wie Nobel, wie Obama, notfalls wie Hartz, bis der Name mit der Aufgabe – zum Beispiel Gesundheitsprävention – verschmilzt, sodass spätere Generationen vielleicht nicht mehr den Menschen kennen, aber alle das Projekt.

Mit dem Einstecken des Briefes war für mich die Sache erledigt, bis ich Wochen später die Mail eines gewissen Dr. Appelhans erhielt. Die von mir vorgeschlagene Gesundheitsreform sei »sicher unterstützenswert«, schrieb er, aber Frau Klatten engagiere sich zu gleichen Teilen für kulturelle Bildung, Natur sowie die Förderung von Unternehmertum. Zusätzlich habe sie mit ihrem Bruder jüngst dreißig Millionen Euro für die Entwicklung des Berliner Instituts für Gesundheitsforschung zur Verfügung gestellt, wo auch das Thema »public health« inklusive Prävention eine Rolle spiele.

Immerhinque, würde Vater Tadellöser sagen.

Inzwischen hatte ich ein Buch über Joseph Pilates aus Gelsenkirchen gelesen. Der Pilates-Erfinder hatte in seinen späten amerikanischen Jahren John F. Kennedy ähnliche Briefe geschrieben wie ich Frau Klatten. Der fühlte sich offenbar auch zur Weltrettung berufen.

Ein Jahr später, Juni 2017, im nächsten Fastenhoch, lese ich in der Zeitung, dass es 2050 in Deutschland zehn Millionen Menschen geben wird, die über achtzig sind, davon drei Millionen Demente, die meisten Frauen. Vielleicht würde ich eine davon.

Meine Idee: Ich werde Altenpflegerin! Eine muss es ja machen! Ich beginne sofort mit der Umsetzung und stelle mich an drei Schulen vor. Man versichert mir, ich sei keinesfalls zu alt. Ich würde nach der dreijährigen Ausbildung immer noch »zwölf Berufsjahre ranklotzen können«. Am Abend vorm Vorstellungstermin sitze ich mit meinen Nachbarn in einer Kneipe in unserer Straße bei unserem monatlichen »Rieslingabend«.

»Warum machst du das?«, fragen Paul (Vorruhestand), Johanna (IT-Managerin) und Matthew (Musikbusiness). »Na ja, einer muss es ja machen«, sage ich.

Und alle am Tisch unisono: »Also, ich könnte das nicht!«

DIE ROTE KARTE

Du sollst nicht in den Kuchen aschen!

Für ein Praktikum im Pflegeheim brauche ich einen Gesundheitspass, eine sogenannte »rote Karte«. Im Gesundheitsamt ist sie mit großen, unübersehbaren Piktogrammen ausgeschildert. Das Ganze hat die Anmutung eines Pilgerwegs. Im Wartezimmer sitzen zwei Afrikanerinnen. Ich frage, ob ich eine Nummer ziehen müsse. Sie nicken. »In Deutschland immer«, sagt die eine. Als ich sitze, füllt sich der Raum schnell mit Menschen. Aus ihren Unterhaltungen schließe ich auf Küchenpersonal, Krankenhaus, Catering. Punkt vierzehn Uhr fangen mit einem trockenen Knall die Lichter auf den Tafeln an zu leuchten, und wir werden in der Reihenfolge des Nummernziehens zügig zu vier Schaltern gerufen. Die zuständige Sachbearbeiterin ist mit meiner Angabe »Altenpflege« vollkommen zufrieden, verlangt zwanzig Euro, drückt mir Zettel in die Hand und schickt mich zum Lesen derselben zurück ins Wartezimmer. Ich bin die einzige im Wartezimmer, die sich die Belehrung des Gesundheitsamts Mitte von Berlin gemäß § 42 Abs. 1 Infektionsschutzgesetz durchliest:

Zuerst werden alle Personengruppen zusammengefasst, die in ihrem Beruf Lebensmittel in die Hand nehmen, dann wird belehrt: Lebensmittel dürfen nicht mit Mikroorganismen verunreinigt werden. Deswegen darf zum Beispiel keinen Durchfall haben, wer seinem Beruf nachgeht, keine infizierten Wunden, keine Hautkrankheit, keine Cholera, keine gelben Augäpfel, keine offenen Stellen, nichts, was nässt und eitert.

Schmuck müsse abgelegt, die Hände müssten häufig gewaschen und desinfiziert werden (auch die Fingerkuppen, Fingernägel und der Daumen von allen Seiten). Im Weiteren geht es um Hautpflege, Schutzkleidung, Verhalten (nicht in die Suppe niesen oder aschen). Einzelne Krankheiten werden erklärt: Salmonellen, Shigellose (bakterielle Ruhr), Gastroenteritis, Hepatitis A oder E, Typhus abdominalis, Paratyphus, Cholera etc.

Nach einer halben Stunde – so viel Zeit hatten wir für die Lektüre – werden alle Wartenden in einen abgerissenen Vorführraum gebeten, und ein Mitarbeiter bittet uns, ein Video anzuschauen. Die Themen werden nun noch mal mit Schauspielerin durchgeorgelt. In Erinnerung wird mir bleiben, dass Gesichtspiercings im Großküchenbereich abgeklebt werden müssen.

Die »Zeugnisverteilung« danach verläuft stumm und ohne Jubel. Person für Person verlässt das Gebäude mit dem Dokument und strebt zügig dem öffentlichen Nahverkehr zu. Draußen wartet niemand mit Zuckertüte. Auf den Straßen im Wedding setzt der Feierabendstau ein. Warum mache ich das?

AUSDRUCKSKRISE

Wer bin ich? Wer will ich sein?

Warum auch immer ich das mache, mein Projekt »Alten-
pflegeausbildung« läuft auf vollen Touren. Erstmals im
Leben habe ich Bewerbungsmappen gekauft, bin im Besitz
von taufrischen Bewerbungsfotos, auf denen ich tüchtig
und unglamourös aussehe wie Mutter Drombusch, ich
habe ein Anschreiben verfasst und einen tabellarischen
Lebenslauf geschrieben. Natürlich ist mir klar, dass alles,
womit ich in »meiner« Welt punkten kann (wo ich publi-
ziert habe, wie viele wie erfolgreiche Romane, bei welchen
Zeitungen ich welche Essays veröffentlichte, was ich in
Radio und TV moderierte, wen ich alles Tolles kenne), hier
nichts gilt.

In der Welt der Werktätigen, in die es mich aus uner-
findlichen Gründen drängt, bin ich ein unbeschriebenes
Blatt. Für die Bewerbung habe ich mein Abiturzeugnis kopiert, das dreißig Jahre lang keine Sau sehen wollte, und
meinen vergilbten DDR-Fachschulabschluss als Bibliothe-
karin. Aber was sagen diese Papiere über die, die ich heute
bin, aus? Was bin ich wert draußen auf dem Arbeitsmarkt?

Im Wartezimmer sind außer mir nur eine fünfunddreißigjährige Tattoofrau und ein Junge mit Zahnspange.
Potentielle Mitschüler? Wir werden alle drei gemeinsam
hereingerufen. Die Direktorin begrüßt uns gut gelaunt. Es
ist der sechzehnjährige Junge, mit dem ich die Schulbank
drücken würde, die Tattoofrau – die altersmäßig meine

Tochter sein könnte – ist seine Mutter. Die Direktorin würde uns beide vom Fleck weg nehmen, den Buben und mich. Fehlt noch ein Ausbildungsbetrieb. Sie fragt, welche Art von Pflegeeinrichtung mir denn am meisten liegen würde, ob ich in einem »normalen« Pflegeheim arbeiten möchte oder auf der Wachkomastation, bei körperlich Behinderten oder bei Dementen? »Ach«, antworte ich etwas ratlos, »klingt alles toll.«

Die zweite Schule lädt mich zum schriftlichen Eignungstest ein. Ich bestehe mit siebenundzwanzig von siebenundzwanzig Punkten. Jetzt wird mir mulmig. Ich möchte diese Ausbildung wirklich gern haben. Mit einem Fingerschnippen. Aber schaff ich das? Läuft die Maschine noch wie geschmiert? Ich bin bereits mehrfach repariert, bin Tod und Wahnsinn von der Schippe gesprungen. Aktuell stehe ich auf der Warteliste für eine Hornhauttransplantation.

Gibt es nicht auch im Menschen außer Sollbruchstellen und natürlichem Verschleiß so etwas wie eine geplante Obsoleszenz – eine geheimnisvolle eingebaute Maximalhaltbarkeit wie beim Drucker?

DIE SADISTISCHE HELFER-PERSÖNLICHKEIT I

(So fühlt sich das auf der anderen Seite an)

Noch in derselben Nacht – Donnerstag – bewerbe ich mich bei einem Pflegeheim in meiner Nähe. Am nächsten Tag kommt eine Mail vom Büro des Klinikchefs, ich solle am Montag telefonisch mit ihm Kontakt aufnehmen.

Dreißig Minuten später trifft meine Freundin Lissy ein, mit der ich verabredet bin. Wir sitzen in meiner Küche und erzählen. Ich von meinen Pflegeerfahrungen, sie von dem Pflegeheim, wo sie gerade war, um einen Verwandten zu besuchen.

Lissy: »Wo sollst du Montag anrufen?«

Ich sage den Namen des Pflegeheims.

»Das gibt's ja nicht. Da komm ich grad her. Wer hat dir geschrieben?«

Der Klinikchef. Ein Herr Sowieso.

»Nicht möglich!«

Wir schütteln die Köpfe über die Synchronizität der Ereignisse, ich erzähle von meinem Synchronizitätsordner, in dem ich Beispiele sammle für das nichtkausale Zusammentreffen zweier Ereignisse. Lissy ist Herrn Sowieso, dem Klinikchef, verschiedentlich begegnet. Er sei »ziemlich speziell«. Lissy ist sehr höflich, und wenn sie »ziemlich speziell« sagt, beschreibt sie einen Albtraum. Mein Telefonat mit Herrn Sowieso verläuft dann am Montag auch entsprechend. Mit schneidender Stimme fragt er, wann ich vorbeizukommen gedenke.

Ich: »Ich hab Montag, Dienstag, Donnerstag und Freitag Zeit.«

Er, pfeilschnell: »Mittwoch?«

Mittwoch hab ich einen Schnuppertag im Pflegeheim in Frohnau. Aber das muss ich dem ja nicht auf die Nase binden.

»Mittwoch muss ich arbeiten«, sage ich.

»Ab wann?«

»Ab sieben.«

»Gut, dann kommen Sie um sechs Uhr fünfzehn.«

So kommt der Tag heran – O ging er wieder! (Mörike)

Um vier Uhr fünfzehn klingelt der Wecker, schon kurz nach sechs stehe ich Gewehr bei Fuß – Unpünktlichkeit soll mir keiner vorwerfen. Herr Sowieso, ein hemdsärmeliger Glatzkopf, kommt mir aus seinem Büro entgegen, winkt mich stumm und ohne Händedruck durch, teilt mir einen Platz zu und verschwindet, um – nur sich – einen Pott Kaffee zu holen.

Als er zurückkehrt, lässt er sich hinter seinen riesigen Schreibtisch plumpsen und kritisiert umgehend meine zurückgelehnte Körperhaltung. Ich richte mich auf, doch das gefällt ihm auch nicht.

»Hand auf den Tisch, das macht man nicht. Ich beobachte alles ganz genau. Das ist ein Bewerbungsgespräch.«

Nun wäre es mir ein Leichtes, den Mann ein Arschloch

zu nennen und den Raum zu verlassen, aber ich bleibe sitzen. Erblicken und Erblicktwerden. Nicht nur sieht der hemdsärmelige Glatzkopf mich, nein, er sieht gleichzeitig, dass ich ihn sehe. Also verändert meine Anwesenheit ihn und seine mich. Ich suche einen Ausbildungsplatz und kann mir keinen Affront leisten.

Etwas Süffisanz vielleicht. Nur ein Terzlein.

»Wie möchten Sie denn, dass ich sitze?«

»Das müssen Sie schon selber wissen.«

Sie ahnen es sicher schon, das Gespräch mit dem Glatzkopf wird keine Sternstunde der Zwischenmenschlichkeit. Ich soll von mir erzählen (aber er scheint nicht zuzuhören). Ich soll schweigen (aber dann schweigt er auch). Ich soll Fragen stellen (aber nicht die, die ich dann stelle). Herr Sowieso, so viel ist klar, ist ein gewohnheitsmäßiger Herunterputzer. Die Bewohner des Pflegeheims, vor allem aber die Mitarbeiter, tun mir leid.

»Warum wollen Sie den Beruf ergreifen?«, fragt er.

»Vielleicht hab ich ein Helfersyndrom«, sage ich.

Darauf er: »Das wäre schlecht.«

Wäre ich jünger und gesünder, hätte ich den Wunsch, durch ein weiteres Stahlbad zu gehen, ich würde es nunmehr ganz unbedingt darauf anlegen, hier angestellt zu werden. Ich würde eine investigative Geschichte schreiben über Herrn Sowieso, eine Wallraffiade. Da ich nicht jünger und gesünder bin, aber klüger als Herr Sowieso vermutet, ja, ich möchte sogar annehmen, klüger als Herr Sowieso selbst, bleibe ich ruhig.

»So, und jetzt dürfen Sie Fragen stellen«, sagt er.

»Wie viele Bewohner sind hier?«

»Das sage ich nicht.«

»Wie viele Fachkräfte und Azubis?«

»Das sage ich nicht.«

»Wie lange sind Sie schon Leiter des Heims?«

»Das fragt man nicht.«

»Wie alt sind Sie?«

»Das fragt man nicht.«

»Welche Fragen soll ich Ihnen denn stellen?«

»Müssen Sie selber wissen.«

Herr Sowieso, wir danken für das Gespräch.

ICH BIN DA, HEINZ

Und die Seele? Fliegt sie hinaus?

Ich besuche meine Tante Uschi in Bitterfeld. Wir sitzen in ihrem Garten. Eine riesige Hornisse attackiert uns. »Mach mal Sterbehilfe«, sagt Tante Uschi, die mich gern neckt, seit ich den Sterbebegleitungskurs beim Hospiz mache, und schiebt mir Paral über den Tisch, ein Insektenspray »mit der natürlichen Kraft der Chrysanthemen«.

Ich lege auf die Hornisse an und schieße so präzise, dass sie, schaumig tropfend, zu Boden rutscht. Sie landet auf dem Sockel eines Gartenzwerges und dreht sich dort um die eigene Achse, ohne allerdings das Brummen zu unterlassen. »Na, mal sehen«, sagt Tante Uschi, zündet sich einen

Zigarillo an und betrachtet mit Interesse das zuckende Tier. »Die leidet aber mächtig!«

»Das weiß man nie«, sage ich und muss an Herrn Wetterling denken. Herr Wetterling hatte laut gerasselt und mit den Armen immer wieder ins Leere gegriffen. Einmal hatte er mir dabei eine versetzt, und ich war erschrocken gewesen von dieser jenseitigen Schlagkraft. Ich war außer mir. Ich rief die Ärztin. Der Mann schien entsetzlich zu leiden. Man musste doch etwas tun!

Wetterling war nicht mein erster Sterbender. Ich hatte schon einige Jahre zuvor in Kalkutta im von Mutter Teresa gegründeten »Heim für mittellose Sterbende« von den »Missionarinnen der Nächstenliebe« Todkranke betreut. Aber das war anders gewesen. Die Menschen dort waren im Akkord gestorben. An Unterernährung, Tuberkulose, Hepatitis, Aids. Herr Wetterling war ein Krebspatient. Zur Schmerzeinstellung stationär. Austherapiert, wie es heißt. Final. Ihn betreute ich im Zuge meines Hospizkurses, über den sich Tante Uschi immer lustig macht.

Die Ärztin beruhigte mich. Das In-die-Luft-Greifen sei bei Sterbenden normal, ein Reflex. Herr Wetterling leide möglicherweise gar nicht. Jedenfalls weniger, als es den Anschein habe. Er erlebe jetzt Dinge, über die wir nur mutmaßen können, Sensationen, von denen wir nie erfahren werden, erst in der Stunde unseres Todes. Ich solle mich lieber auf einen Stuhl setzen, nicht auf den Bettrand. Wer weiß, ob Wetterling das wollen würde. Man soll Sterbenden nicht auf die Pelle rücken.

Die Ärztin öffnete das Fenster (Damit die Seele hinausfliegt? Sie verneinte energisch. Für frische Luft!) und ließ mich mit Wetterling allein. Viele Schläuche und Kanülen steckten in seinem Körper. Sein Brustkorb pumpte. Der Puls am Hals zuckte wie wild. Sein Kopf stieß ruckartig in die Luft. Seine entzündeten Augen traten hervor, aus seinem Mund quoll gelblicher Schaum. Der ganze Mann klang wie eine riesige, brodelnde Kaffeemaschine. Es gab Momente, da wollte ich selber sterben. Es gab Momente, da wollte ich schreien: »Stirb doch endlich! Hör auf mit diesen schrecklichen Geräuschen!«

Ähnlich wie die Hornisse erweckte auch Herr Wetterling nicht meinen Brutpflegetrieb. Sterben sieht nicht gut aus, klingt nicht gut, riecht nicht gut. Bei einer Geburt dabei sein, das finden wir schick. Eine Patenschaft für ein Kind in Afrika übernehmen – das ist lobenswert, schön weit weg, überdies niedlich. Aber die Gegenwart eines Sterbenden bringt uns in allergrößte Bedrängnis. Wir wissen nicht, was man tut, was man sagt. Niemand hat uns gelehrt, was man tut, was man sagt.

Wir wollen das nicht miterleben müssen, wir wollen einfach nur weg. Wenn die todkranke Oma fragt: »Muss ich sterben?«, lügen wir: »Ach wo, das wird wieder.« Und geben Fersengeld. Und überlassen sie ihrem Geschick. Und treffen uns nachher auf dem Friedhof wieder.

Ich blieb an Wetterlings Bett, kühlte seine harte gelbliche Stirn, hielt seine blau geäderte Hand und sagte, wenn sein Blick für den Bruchteil einer Sekunde aus weiter Ferne zurückkam: »Ich bin da, Herr Wetterling, Sie sind nicht allein.«

Mehr nicht. Mehr war nicht zu tun. Äußere Ruhe und innere Bewegung. Sein Sterben und mein Nichtstunkönnen wühlten mich auf. Diese Aufwühlung galt es auszuhalten, so lange es eben dauerte. Geduld haben. Stillsitzen. Einfach nur da sein. Nicht meine Stärken. Immer wieder ging ich ins Bad, einfach weil ich mich bewegen musste, unter dem Vorwand, den Waschlappen anzufeuchten.

Doch dann wurde Herr Wetterling unruhig, atmete hastiger, röchelte. Ich nahm das als Indiz dafür, dass er meine Anwesenheit wünschte. Er wollte nicht allein sein. Als ich im Badezimmer des Krankenzimmers seine Utensilien sah, Kulturtasche, Rasierwasser, Seife in Seifendose, Zahnbürste, Zahnpasta, Deo, als mir bewusst wurde, dass er diese Dinge nun nicht mehr brauchen wird, dass sie bald in eine Tüte gepackt und den Hinterbliebenen mitgegeben werden, wurde sein Tod greifbar. Da stirbt ein Mensch. Ich nahm die Fieberkurve und suchte seinen Vornamen: Heinz.

»Also, ich könnte das nicht«, sagt die Schwester, die nach dem Rechten schaut, und verlässt das Zimmer.

Heinz. Ich und Heinz. Ich hielt seine Hand, streichelte seine eingefallenen Wangen und lauschte dem Gurgeln seiner Organe. Ich atmete mit ihm gemeinsam, wie ein mithechelnder Ehemann im Entbindungskurs, in der irrwitzigen Hoffnung, wenn ich immer langsamer atme, dann wird vielleicht auch er langsamer atmen, wird friedlicher werden, einschlafen können. Obwohl er in den folgenden Tagen mehrfach »Ich kann nicht mehr« flüsterte, obwohl es oft so aussah, als sei gleich alles vorbei, schien er am Leben festzuhalten. In seiner Karteikarte war vermerkt »nicht religiös«. Ob er deswegen schwer stirbt? Weil er vor dem Nichts steht? Oder gibt es noch etwas, was er klären will? Steht ein Abschied aus?

»Warum, um Himmels willen, machst du das?«, hatte Tante Uschi fassungslos gefragt, als vor zwei Monaten mein Kurs im Hospiz begann. »Warum machst du nicht was Lebensbejahendes? Ein Weinseminar, einen Kochkurs?«

Uschi, die wohl weiß, dass wir alle sterben müssen, hat ein regelrecht feindseliges Verhältnis zum Tod. Sie ist wütend auf die Schneeglöckchen, die wieder blühen werden, wenn sie längst modert. Sie hasst die Sonne, den Mond, Tag und Nacht, die Jahreszeiten, die Meere und die Berge, alles, was wiederkommt, alles, was ewig ist. Sie will den Tod nicht, der sich unaufhaltsam nähert. Bei sich selbst hält sie jedes Anzeichen von Verfall für vorübergehende Schwäche. Gleichaltrige sind für sie alte Leutchen. Wenn sie noch mal so jung wäre wie ich, dann hätte sie Besseres zu tun als Sterbebegleitung, sagt sie. Und doch studiert sie täglich die Todesanzeigen und erschrickt, wenn sie dort ihr Geburtsjahr findet. Nicht ein späteres, nicht ein früheres – ihres. »Wirst noch mal froh sein, eine Sterbebegleiterin in der Familie zu haben«, hatte ich auf Uschis Tirade geantwortet. Und sie hatte gesagt: »Werd bloß nicht frech!«

Sterben macht keinen Spaß. Dem Sterbenden nicht und den Anwesenden nicht. Insofern schickt die Hospizbewegung der Himmel. Dort ist man konsequent aufs Sterben eingestellt und macht es sich zur Aufgabe, es liebend zu begleiten. Sterbende, die sich fürs Hospiz entscheiden, dürfen ihr Haustier mitnehmen, dürfen rauchen, dürfen trinken, dürfen ihre Zimmer dekorieren und endlich alle Fragen stellen, die sie aus Takt der eigenen Familie nicht gestellt haben.

Und doch, Hospiz ist Endstation. Wer ins Hospiz geht, der sagt Ja zu seinem Tod. Er findet sich ab.

Für den normalen Verdränger ist es schwer, sich dauerlächelnden Hospizlern gegenüberzusehen, die vom »schönen Tod« sprechen. Das hat etwas Eingeweihtes, Sektenhaftes. Was bitte kann schön sein am Tod? Der Tod ist doch schrecklich. Endgültig. Tabu. Muss man wirklich darüber reden? Kann man das nicht diskret abwickeln?

Eine Schwester hat mich in das Verabreichen künstlichen Speichels aus dem Sprühfläschchen eingewiesen. Die Patienten nehmen den gern, sagt sie. Man soll Sterbenden nicht viel zu trinken geben. Sie können kaum mehr schlucken. Die Flüssigkeit wird nicht mehr abgebaut, sondern ins Gewebe eingelagert. Ich sprühe Herrn Wetterling halbstundenweise künstlichen Speichel in den ausgetrockneten Mund, um ihm Erleichterung zu verschaffen. Das Geräusch, das er daraufhin macht, nehme ich als Zustimmung. Erst einige Stunden später, nachdem ich mir die Flüssigkeit selbst testhalber in den Mund gesprüht habe, höre ich auf. »Ich muss mich bei Ihnen entschuldigen, Herr Wetterling«, rufe ich, halb lachend, halb weinend, »ich wusste nicht, dass das so eklig schmeckt.« Von da an feuchte ich seinen Mund mit dem Waschlappen an.

Die Stunden vergehen langsam. Die Handschuhe, die mich die Schwester bat anzuziehen, habe ich längst abgestreift. Würde ich von Latex gestreichelt werden wollen in der Stunde meines Todes?

Wetterlings Atem macht mir klar, was für ein ungeheures Pensum so ein menschliches Herz hat. Das Blut durch den Körper zu pumpen. Und die Lunge, dieser unermüdliche Blasebalg. Und die lebensmüden Nieren. Wo fängt ein Sterben an? Versagen die Organe nach und nach? Steigt der Tod von den Füßen aufwärts zum Kopf? Bleibt zuerst das Herz stehen? Bricht es? Und was ist mit der Seele? Gibt es eine? Und, wenn ja, fliegt sie hinaus?

Jetzt hocken wir hier schon mehr als zwei Tage. Da können wir eigentlich du sagen. »Ich bin da, Heinz. Du bist nicht allein. Jetzt hast du's gleich geschafft.« Dabei kenne ich Herrn Wetterling nicht. Er war schon kaum mehr ansprechbar, als ich ihn traf. Er ist ein Fremder für mich, ich bin eine Fremde für ihn, unsere Begegnung ist vollkommen frei von persönlichem Ballast. Wir begegnen uns als die, die wir im Moment der Begegnung sind. Ich sitze am Bett eines Mannes, der mein Vater sein könnte, der irgendjemandes Vater ist. Vielleicht hat er Kinder. Und wie sind diese Kinder? Und wo sind diese Kinder? Warum sind sie nicht bei ihm? Und warum bin ich bei ihm?

Später wird Wetterlings Familie das Zimmer betreten, vollkommen überfordert mit der Situation. Die Frau wird schluchzen, die Tochter wird schweigen, der Vater wird röcheln, es wird die Frage im Raum stehen: Wie siehst du nur aus? Was tust du uns an? Was wird ohne dich? Wie geht es weiter, wenn du stirbst? Und aus dem liebenden Abschied wird ein Vorwurf, eine Komplikation. Der Sterbende soll nicht gehen. Er soll am Leben bleiben, für seine Familie, die seinen Tod nicht aushalten kann. Egoismus und Angst, nackte Angst. Vielleicht ist das Sterbenlassen schwerer als das Selbersterben.

Am dritten Tag, nachmittags, atmet Herr Wetterling

dreißig Sekunden nicht. Dann atmet er wieder. Dann atmet er wieder dreißig Sekunden nicht. Dann atmet er wieder. Dann atmet er eine Minute nicht. Er ist jetzt ganz ruhig und sieht nach oben, an die Zimmerdecke. Ganz unspektakulär. Sein Gesicht sieht ein wenig schief aus und ändert die Farbe. Stirbt er? Ist er schon gestorben? Ich fühle nach seinem Puls und finde ihn nicht vor Aufregung. Ich streichele ihn, vielleicht fühlt er es noch, vielleicht geht er gerade hinüber ins Jenseits, aber er regt sich nicht. Ich nehme seine Hand. Sie setzt mir keinen Widerstand entgegen. Und genau in dem Moment, in dem ich zu beobachten glaube, wie sich sein Gesicht verändert, entseelt, genau in dem Moment, als ich begreife, dass er gestorben ist, tut er einen tiefen Seufzer, einen Seufzer, der mir durch Mark und Bein fährt. Danach atmen wir beide nicht mehr (ich vor Schreck, er, weil er tot ist).

Ich öffne das Fenster weit. Heinz ist tot, ich lebe noch. Warme Sonnenstrahlen fallen in mein Gesicht. Die Gardinen wehen. Ich rufe die Ärztin. Sie stellt den Tod fest. Ich schließe seine Augen, aber sie gehen immer wieder auf. Lange muss ich die grauen Lider halten, bis sie geschlossen bleiben. Die Familie wird benachrichtigt. Sie wird in einer halben Stunde hier sein. Die Schläuche und Apparaturen werden entfernt. Ich falte Wetterlings Hände auf der Brust. Die Familie trifft ein, als es mir eben gelungen ist, seinen Mund zu schließen. Er sieht nun aus, als schliefe er.

Die Hornisse liegt zusammengekrümmt auf Tante Uschis Terrasse. Ganz klein plötzlich, ganz harmlos und still. Im Tod hat sie jeden Schrecken verloren. Tante Uschi schnippt sie mit der Schuhspitze ins Gebüsch.

DIE SADISTISCHE
HELFERPERSÖNLICHKEIT II

Schluss mit lustig, Freundchen!

Ich bin fast achtzehn. Ich liege seit Wochen stationär auf der Infektionsstation des Krankenhauses Hermannswerder. Ich habe eine Meningoenzephalitis, eine Entzündung von Gehirn und Hirnhaut. Niemand darf mich besuchen. Nur von Weitem sehe ich Menschen hinter einer Glasscheibe stehen und winken. Bevor ich krank wurde, war ich hübsch. Bevor ich krank wurde, war ich verliebt. Bevor ich krank wurde, hab ich zum ersten Mal Sex gehabt. Mit einer Frau. Und tags darauf mit einem Mann.

Ich habe Kopfschmerzen, entsetzliche Kopfschmerzen. Ich bin traurig. Ich bin allein. Ich darf nicht aufstehen, nicht lesen, nicht Radio hören, nicht telefonieren, sonst »steigen die Zellen«.

Ich darf kein Kissen unterm Kopf haben, sonst »steigen die Zellen«. Ich liege auf dem Rücken wie eine Dosensardine, aus dem Tropf läuft eine Flüssigkeit in mich hinein wie zur Haltbarmachung einer Leiche. Ich weiß nicht, ob ich sterben werde, ob ich wieder gesund werde, ich weiß nicht, ob der, in den ich verliebt bin, gerade eine andere küsst, ich weiß nicht mal, wie lange ich hier schon liege. Ab und zu kommen Menschen in weißen Kitteln herein und stechen mir Nadeln in den Körper. Meine Schulklasse fährt zur Abiturfahrt nach Leningrad.

Es gibt hier nur eine Möglichkeit menschlicher Zuwendung: die Klingel. Manchmal klingele ich eine Stunde lang, und niemand kommt. Manchmal blickt mich ein freundliches Gesicht hinter der Schutzmaske an, streicht mir jemand über den Arm, schüttelt das Kopfkissen auf, spricht mit mir.

Heute hat Schwester Rabiata Dienst. Sie hasst Patienten, besonders junge, hübsche, besonders welche, die dauernd klingeln, die ihrer Meinung nach grundlos klingeln, so wie ich. In der Hand hat sie einen Waschlappen, hart wie ein Topfkratzer, und sie ist sehr wütend.

»Du hast es so gewollt«, sagt sie und hält mir den dornigen Lumpen wie eine Waffe vor. Dann wäscht sie mich damit. Sie wäscht mich grob im Gesicht, unter den Armen, an Brust und Bauch, sie schiebt und zieht und reibt das harte Ding auf meiner Haut herum, sie rubbelt zwischen meinen Beinen, bis ich blute.

DAS GESICHT, DAS ICH VERDIENE

und das Gesicht, das ich mir wünsche

Punktgenau, wenngleich weit entfernt, das Bewerbungsgespräch mit Herrn Sowieso verwunden zu haben, komme ich an der zweiten Adresse des Tages an, im Pflegeheim in Frohnau. Die Köchin öffnet und schickt mich hinauf auf die Pflegestation, ich soll mich bei Marius melden.

Ich frage eine Leasingkraft, die zur Entlastung der Belegschaft für einen Tag gebucht ist, nach Marius. Sie sieht abenteuerlich aus mit ihren angeklebten Fingernägeln, dem schwarz gefärbten Pony, dem Emo-Make-up. Sie grinst mich kaugummikauend an und zeigt auf eine Frau im Pflegerkittel, die gerade aus einem Zimmer hastet.

»Die war mir gleich unsympathisch«, sagt sie. Die grußlos Vorbeieilende musternd, denke ich Sachen wie: In einem gewissen Sinn sind wir alle die Bildhauer unseres Gesichts, lange bevor sich der Schönheitschirurg auf diesen Posten bewirbt. Michelle Pfeiffer fällt mir ein. Sie hatte Anfang der Neunziger Jahre in einem Interview auf die Frage, wie sie ihre Schönheit erhalte, die Antwort gegeben: »Ich achte auf meine Mimik.«

Seitdem beobachtete ich die Gesichter der Menschen genauer, vor allem in Momenten, in denen sie sich unbeobachtet fühlten. Zu beobachten, ohne zu bewerten, ist die höchste Form menschlicher Intelligenz, sagt Krishnamurti. Gelingt nicht oft. Es ist faszinierend, wie sich die Mimik nicht etwa entspannt, sondern vielmehr entgleist, in Alltagsfrust, Bärbeißigkeit, wie sie abgleitet ins sorgenvolle Abbild der Ahnen, und bei denen, die einschlummerten, die wegsackten in andere Welten, lugte manchmal schon das Totengesicht durch. Gern hätte ich diesem oder jenem zugerufen, was ich als Kind beim Fratzenziehen von Erwachsenen gehört habe: »Hören Sie auf, so ein Gesicht zu ziehen. Sonst behalten Sie das nämlich. Für immer.«

Ich bin mir nicht sicher, ob Michelle Pfeiffer sich der philosophischen Tragweite ihrer Bemerkung bewusst war, inzwischen scheint sie ihre Strategie geändert zu haben;

erst neulich sah ich sie komplett durchgebotoxt in einem Spielfilm.

Marius, ein Nerd Mitte dreißig, Pflegefachkraft, begrüßt mich. Die erste Bewohnerin, die wir für die Morgentoilette aufsuchen – es ist Viertel nach sieben und, wir erinnern uns, ich habe bereits ein ätzendes Bewerbungsgespräch hinter mir –, ist Frau Hellmann.

Ganz und gar konzentriert auf die Aufgabe, als lagere er wertvolle tropische Früchte, erklärt mir Marius, was nun zu tun sei. Er ist nüchtern, präzise, ohne Umschweife, er hat nicht, wie ich, den »neuen Blick«, vernebelt von menschlichen Emotionen. Um »rückengerecht« zu arbeiten, fahren wir das Bett auf eine Höhe, bei der wir keinen Buckel machen müssen.

Wir kümmern uns zuerst um die untere Körperhälfte von Frau Hellmann, weil die im Liegen versorgt werden könne. Handschuhe an, Schlüpfer aus, Windel weg, Reinigung, Inspizieren der dekubitusverdächtigen Stellen, Pflege durch Lotion. Während dieses Vorgangs spricht Marius nicht mit der teilnahmslos wirkenden Frau, die an Alzheimer und Parkinson leidet und die Augen fest geschlossen hält, als ginge sie das alles nichts an.

Am Kopfende ihres Bettes, in einer Fotocollage an der Wand, sehe ich für Sekunden Frau Hellmanns Leben aufblitzen.

Frisch gewindelt, Schlüpfer wieder an. Jogginghose an. Nun richten wir sie auf und heben und drehen sie auf den Rollstuhl, dessen Fußstützen ich zu Marius' Freude ohne Weiteres einhängen kann – gelernt ist gelernt. Als sie im Rollstuhl sitzt, sehe ich ihr dichtes graues Haar und die feinen Züge ihres Gesichts, das einmal schön war. Alter, Anmut, Wehmut und vollständige Abwesenheit. Ich spreche direkt in ihr Gesicht hinein.

»Guten Morgen, Frau Hellmann, machen Sie mal die Augen auf!«

Sie macht ihre grauen Augen auf.

»Hallo«, sage ich, beglückt über den Kontakt.

»Hallo«, sagt sie und schließt die Augen wieder.

Warum sprichst du nicht mit ihr?, werde ich Marius später fragen, und er wird antworten: »Irgendwann hört man damit auf.«

SCHNUPPERN

Solange wir es mit Liebe tun

Als Frau Hellmann – das Einsetzen ihres Gebisses durch Marius ist ein langer, immer wieder misslingender, optisch grausiger Vorgang gewesen – schließlich »schmuck« ist, fahren wir sie im Rollstuhl in den Aufenthaltsraum, wo sie den Kopf über der Tischplatte baumeln lässt, während ihre rechte, halb gelähmte Hand ununterbrochen an ihrer Jogginghose zerrt.

Weiter geht es zu Herrn Klatt. Auf dem Flur sagt mir Marius, der in den zehn Jahren seiner Berufstätigkeit brillante Pflegefähigkeiten, aber auch eine emotionale

Distanz zu den Bewohnern entwickelt hat, Herr Klatt sei sehr pessimistisch, er hasse Frau Merkel, möge keine Ausländer und wolle entweder über Politik oder über den Tod reden.

Entsprechend voreingenommen (ein Nazi also!) betrete ich das Zimmer. Das heißt, zuerst betritt es Marius und fragt, ob ich mit hineinkommen dürfe. Klatt murmelt im Hintergrund: Was soll's, es müsse ja sein. Ich betrete das kleine Reich eines Menschen, der zu lesen, mit dem Computer zu arbeiten, ein Geistesleben zu führen scheint, genau wie ich. Mehr noch, Klatt ist in meinem Alter. Brille, grauer Bürstenschnitt, grauer Bart, dabei märtyrerhaft dünn, die Glieder verknotet wie eine Baumwurzel, liegt er in den Kissen. Ob »Katastrophen-Mona« auch da sei, erkundigt er sich. Wie sich herausstellt, spielt er auf die Pflegehelferin an, die der Leasingkraft unsympathisch ist und deren fristlose Kündigung ich nach der Mittagspause erleben werde.

Klatt ist seit drei Jahren hier, durch MS vollkommen hilflos geworden, er kann mittlerweile, wie Stephen Hawking lange Zeit, nur noch anderthalb Finger bewegen, die Füße sind dermaßen ineinander verhakt, dass das Anziehen zum Gewaltakt wird. Vorsichtig platzieren wir den gleichzeitig kraftlosen und verkrampften Körper, von Klatts Lamento zur Unwürdigkeit des Daseins begleitet. Ob ich auch anwesend sein dürfte, wenn er ihn ausziehe, fragt Marius. »Wenn schon, denn schon«, sagt Klatt und grinst schief. Als ich seine Beine in der Hand halte, halte ich die »nutzlosen Beine« meines Mannes in der Hand. Ich muss an unsere täglichen Gartenrunden denken. Ich schob seinen

Rollstuhl, und ab und zu brach ich, um den Weg frei zu machen, von Büschen und Bäumen tote Zweige und Äste ab. »Mach so was bloß nie mit mir«, sagte mein Mann. Das war sein Humor.

Wir hieven Klatt nun in einen elektrischen Hebekran, einen sogenannten Patientenlifter, in dem er mit heruntergelassener Hose wie ein Affe in Richtung Bad schaukelt, um dort auf die Klobrille runterjustiert zu werden, von der er fünfzehn Minuten später, nach erneutem Klingeln, ergebnislos wieder hochgehoben werden wird, diesmal landet er auf dem Rollstuhl, auf dem er den langen öden Tag zu verbringen hat.

»Halt, halt, halt«, ruft Klatt, als Marius am Klo seine Boxershorts hochzieht, »da ist was falsch mit dem Schniedelwutz. bitte noch mal nachschauen!«

Während Marius, mit seinem Körper den Intimbereich des Mannes verdeckend, dessen Genital nachsortiert, schulmeistert ihn Klatt über Links- und Rechtsträger.

Wir werden Klatt in jenem Frühdienst noch dreimal mit ungeheurem technischem und zeitlichem Aufwand aufs Klo bugsieren müssen. Jedes Mal ist es für Marius eine nicht zu hinterfragende Erledigung, für mich gleichzeitig rhetorischer Genuss und seelische Erschütterung. Einmal immerhin hat Klatt pinkeln können, wofür er von Marius wie für eine Mount-Everest-Besteigung gelobt wird, ein Kompliment, das Klatt wiederum ironisiert.

Bei der Morgentoilette bittet mich Klatt, in seinem Zimmer die elektrische Zahnbürste zu holen, die ihm Marius einschaltet und in die Hand gibt. Klatt stochert mit dem rotierenden Ding für einige Sekunden in seinem Mund

und knallt es dann zornig ins Waschbecken. Was Klatt und mir herzlos vorkommt, wird später in der Krankenakte als (erfolgloses) Anhalten zur Selbstständigkeit vermerkt.

»Soll ich Ihnen helfen?«, fragt Marius nun.

»Verdammte Scheiße noch mal, ganz offensichtlich ja!«

Später erzählt mir Klatt, dass er drei Jahre zuvor fünftausend Euro gezahlt und ein selbstbestimmtes Sterben in der Schweiz eingeleitet hatte, wogegen sein Bruder, bei dem er sich verabschieden wollte, intervenierte. Der Bruder habe ihn dann gegen seinen Willen in dieses Pflegeheim verschleppt. Daraufhin habe er den Kontakt zu ihm abgebrochen. Als ich Marius auf dem Flur auf das egoistische Handeln des Bruders und Klatts ausweglose Situation anspreche, räumt er zwar ein, dass das langsame schmerzhafte Sterben, das Klatt nun bevorsteht, kein rosiger Ausblick sei, sagt jedoch auch, dass Klatt an seiner Einsamkeit »selber schuld« sei, weil er nämlich alle vergrault habe.

Es leuchtet mir ein, dass Marius sein eigenes Tun (nämlich einen schwerkranken Mann am Sterben zu hindern) nicht infrage stellen darf, weil er sonst seine Arbeit und damit seinen Lebenssinn infrage stellen würde.

Nun lerne ich Rübezahl kennen, einen einbeinigen Rauschebart. Er lässt sich nicht gern waschen und bebröselt alles, am liebsten frische Kleidung, mit Schnupftabak, das weiß ich von Marius. In Rübezahls Zimmer hängt stechender Uringeruch. Seine Wünsche formuliert er wie Befehle. Die Leasingkraft mit den falschen Fingernägeln und Marius hieven den mit Tabak panierten Koloss gemeinsam aufs Bett und ziehen ihm die Hose aus, wobei er genervt mit seinem massigen Beinstumpf rudert. In Pflegeheimen riecht es selten gut, aber jetzt, wo ich Rübezahl kenne, kriegt der »Schnuppertag« eine beißende olfaktorische Note.

»Manche Bewohner«, murmelt Marius, als wir Rübezahls Zimmer verlassen, »besucht man weniger gern.« Ich bin fasziniert von seiner Wortwahl. Er sagt nicht »mag man weniger gern«, oder »betreut man weniger gern«, er sagt »besucht man weniger gern«. Er drückt seine Missbilligung aus und bleibt trotzdem sachlich.

Zwischen den Einsätzen halten wir uns in einem winzigen Raum auf, in dem sich drei bis vier Menschen im Kittel, Kaffeetassen in der Hand, permanent im Weg stehen. Ich suche die Akte von Herrn Klatt und finde darin einen Biografiebogen, der seine Lebensstationen beschreibt (glückliche Kindheit auf dem Lande, enger Zusammenhalt mit dem jüngeren Bruder).

Wer erarbeitet die Biografien mit den Patienten?

Die Ergotherapeuten.

Wer ist zuständig für Beschäftigung, Massagen, Gespräche, Spiele?

Die Ergotherapeuten.

Während ich gemeinsam mit Marius Laken abziehe, Medikamente verteile, Menschen füttere und windele (korrekt gesagt: Inkomaterial wechsele, Nahrung anreiche), während ich ihm bei bürokratischen Abwicklungen zusehe, aus denen er immer wieder von Zimmerrufen herausgerissen wird, scheinen Ergotherapeuten den wirklich coolen Job zu haben.

Im Aufenthaltsraum spreche ich eine Ergotherapeutin an. Das Gesicht einer alten Dame, die vor ihr auf einem

Stuhl sitzt und vor Wohlbehagen schnurrt, kunstvoll zer-
knautschend, schwärmt sie von ihrem Beruf.

In jedem Zimmer, das ich an jenem Tag betrete, sehe ich
Fotos. Fotos von verstorbenen Ehemännern und Ehe-
frauen, von Kindern, Enkeln, Urenkeln. Und in jedem
Zimmer – sogar in dem von Rübezahl – wäre ich gern geblieben, hätte gern die Geschichten gehört. Keine Zeit.

Kurz vor Schichtwechsel zieht eine neue Bewohnerin
neben Rübezahl ein, und Marius wird gerufen, um sie zu
empfangen. Das eben noch leere Zimmer ist offenbar in
Windeseile mit Fotografien, Schränkchen und Bildern gepflastert worden, und eine gutgekleidete Familie steht betreten in der Deko. Frau Rose, akkurat frisiert, sitzt im
Sonntagskleid auf einem Stuhl und blickt aufmunternd in
die Runde. Urahne, Großmutter, Mutter und Kind urah-
nungsvoll unterm Ururspind.

Wie sehr ich meine Omi vermisse. Sie war die Sonne
meiner Kindheit. Ihr neunzigster Geburtstag war damals auf
einen Pfingstsonntag gefallen, und als wir Geburtstagsgäste eintrafen, war sie schon tot. Das Beerdigungsinstitut
richtete sie für uns alle nochmals her, zum Abschiedneh-
men. Wie Schneewittchen lag sie hinter Glas, flankiert von
zwei Billig-Rambos in abgeschabten schwarzen Anzügen.
Sie war friedlich, und sie war fremd. Ich drückte mein Gesicht gegen die schmutzige Scheibe und suchte unter der
Schminke und dem Mona-Lisa-Lächeln der entrückten
Figur vergeblich meine liebe Omi.

Der Sohn von Frau Rose ergreift das Wort. Noch befindet er sich im Glauben, er könne Bestellungen aufgeben
wie im Restaurant. Seine Mutter sei dreiundneunzig und

gut in Schuss, also, bis auf das Laufen. Er habe auch schon morgens angerufen und einen erhöhten Toilettensitz bestellt, denn ohne könne sie nicht allein vom Klo aufstehen.

Marius, der bisher in seinen wenigen Verschnaufpausen erfolglos an der Beschaffung des Toilettensitzes gearbeitet hat, nickt verhalten. Der Anblick der adretten alten Dame, die sich mit Fassung in ihr Schicksal schickt, und der Anblick der schicken Familie, die wie Falschgeld in der Kammer steht, geht mir ans Herz.

Ich hoffe, dass die Familie beim Herausgehen nicht auf Rübezahl trifft, mit dem sich Frau Rose in Zukunft das Bad teilen müssen wird und der sicher den erhöhten Toilettensitz bekacken, bekrümeln und kaputthauen wird, gesetzt den Fall, dieser würde jemals besorgt. Falls nicht, müsste Frau Rose in Zukunft die Pfleger rufen, um sich von ihnen aufs Klo setzen zu lassen, wo sie dann sitzen bleiben und klingeln würde, bis der nächste Pfleger Zeit hätte, ihr runterzuhelfen.

Ich habe an diesem einen Tag im Pflegeheim erst mich selbst, dann meinen Mann in Herrn Klatt wiedererkannt. Und zum Schluss meine Großmutter in Frau Rose. Was bedeutet das für meinen Helferimpuls? Will ich Teile meines Lebens, das nun schon mehr als ein halbes Jahrhundert währt, zurückspulen und wiedergutmachen? Scanne ich die große weite Welt nach persönlichen Bezügen ab, ist das der rote Faden in meinem Leben?

DIE SAUGKRAFT DER AHNEN

Familienaufstellung

Die Gruppe besteht aus knapp achtzig Personen. Zum Abschluss des Seminars machen wir eine Übung. Wer ist die Tochter? Ich melde mich. Ich bin die Tochter. Wer ist der Sohn? Ein junger Mann meldet sich. Er ist der Sohn. Noch mehr Rollen werden verteilt, noch mehr Hände heben sich. Wir sitzen in der ersten Reihe. Wir, das sind: die Tochter, der Sohn, abgetriebene Kinder, Fehlgeburten, gestorbene Kinder, ermordete Kinder, Halbgeschwister. Jeder von ihnen hat einen Stellvertreter, der für ihn Platz nimmt. Wir sitzen eng gedrängt, Fremde, Schulter an Schulter, jeder spürt die Anwesenheit der anderen.

Hinter uns wird nun eine zweite Reihe formiert: Stellvertreter werden aufgerufen für die Mutter, für den Vater, Onkel, die Tante, Partner, frühere Partner, Halbgeschwister, verschwiegene Geschwister, tote Geschwister. Wir in der ersten Reihe sitzen nun im Windschatten der zweiten Reihe.

Als die vollständig ist, wird die dritte Reihe formiert. Die Stellvertreter in der dritten Reihe sollen auf Stühlen stehen. Wer will?

Es nehmen Aufstellung: Großmutter väterlicherseits, Großvater väterlicherseits, Großmutter mütterlicherseits, Großvater mütterlicherseits, die Geschwister der Großeltern, Halbgeschwister, aktuelle Partner der Großeltern, frühere Partner der Großeltern.

Die vierte Reihe soll auf Tischen stehen: die Eltern der Großmutter, die Eltern des Großvaters. Ihre Geschwister. Ihre Partner, alle, auch die im Krieg Gefallenen, die Vermissten, die Vergessenen.

Der Zuschauerraum ist nun leer, alle Menschen formieren sich auf der Bühne. Wir stehen da als atmender lebender Block, mit unserer Körperwärme, unserer Präsenz, unserer Geschichte. Wir sind Stellvertreter und zeitgleich wir selbst.

»Wie fühlt sich das an?«, fragt Bert Hellinger.

Es fühlt sich gut an. Sicher. Geborgen und mächtig. Nach Menschheit. Nach Menschsein. Es fühlt sich richtig an. Energetisch richtig. Vollständig, weil nicht nur jedes Einzelteil, weil auch das Ganze wahrnehmbar ist. Was bisher im Schatten lag, was fehlte, ist nun da, hinter mir. Es gibt mir Zutrauen, die Stärke eines Clans hinter mir zu wissen, die Lebenden und die Toten, die Verstrittenen und die Verstummten, die Verschwiegenen und die Verschwundenen, die Ahnen, die Urahnen, die Ururahnen. Sie alle bilden die Armee der Toten, die immer größer wird, die mich bis zu meinem eigenen Tod begleiten und mich nach meinem Tod in sich aufnehmen wird, freundlich, friedlich, wohlwollend, wissend.

Ich bin kein heimatloses Fähnchen im Wind, nicht die schräg in die Welt gebaute Mutter, die aus der Art geschlagene Tochter, der komische Kauz. Ich, die ich auf meine Singularität poche, die ich zeit meines Lebens beargwöhnt habe, dass Blut dicker sei als Wasser, klebe fest durch die Saugkraft der Ahnen, werde in Schach gehalten vom elektromagnetischen Feld derer, denen ich entstamme. Ich bin ein Teil des erdigen irdischen, tief verwurzelten großen Ganzen.

ALSO, WAS SOLL AUS MIR WERDEN?

Die minimal effektive Dosis von Körpereinsatz

Der alte Mann schluchzt laut.

»Helfen Sie mir«, sagt er. »Bringen Sie mich in mein Zimmer, ich finde mein Zimmer nicht. Ich war schon überall.«

Demenz ist grausam, sie muss sich anfühlen wie, ich benutze das Bild einer Freundin, die ihren dementen Vater erlebte, im Nachthemd in einem fremden Land aufzuwachen, mitten auf der Autobahn.

»Wie heißen Sie denn?«

Er greift nach meiner Hand und hält ganz fest.

»Ich weiß nicht, ich weiß es doch nicht.«

Ich weiß es auch nicht, und auch die, die uns begegnen, wissen es nicht. Wir wandern. Wir wandern. Wie Hänsel und Gretel im finsteren Wald. Ich kann seine Angst fühlen. Sie kriecht nun auch in mir hoch. Erst eine Viertelstunde später gibt uns die Reinigungskraft einen Tipp, und wir finden das Zimmer. Sein Name steht an der Tür, und auch ein Foto von ihm ist dort angeklebt. »Hier wohne ich«, steht darauf. Er nimmt das gar nicht wahr. Er schlurft

in sein Zimmer, ich bin sofort vergessen. Beglückt, weil ich
ihm habe helfen können, kehre ich auf mein Stockwerk
zurück, zu Marius.

»Ich hoffe, du hast dir die Hände gewaschen«, sagt der.
»Er schmiert damit gern seine Fäkalien an den Zimmer-
wänden ab.«

Oh!

Mein Schnuppertag ist zu Ende. Nun sitzen wir zu viert
am Tisch im Büro, die Heimleiterin, die Pflegedienstleite-
rin, Marius und ich. Schon beim Eintreten sehe ich, dass
vor der Heimleiterin der Praktikumsvertrag liegt, den ich
noch vor wenigen Wochen so sehr ersehnte. Der Frau ist
anzumerken, dass sie bereit ist, ihn zu unterschreiben.
Heute musste sie Katastrophen-Mona feuern. Sie braucht
dringend Ersatz. Das macht mich nervös.

»Wir wollen heiraten«, eröffnet sie das Gespräch. Das
macht mich noch nervöser. Heiraten will ich nun wirklich
nicht mehr. Drei Augenpaare richten sich auf mich, und
ich bin selbst gespannt, wie ich aus der Nummer rauskomme.

Ich höre mich reden, wie interessant der Tag gewesen
sei, wie ich mir den Job durchaus zutrauen würde, dass
ich allerdings auch ein Gespräch mit einer Ergotherapeutin geführt hätte und mich da auch gern noch mal einle-
sen würde, in dieses Berufsbild, bevor ich mich zu einer
Ausbildung entschlösse. Die Heimleiterin weist mich
darauf hin, dass ich als Pflegefachkraft mehr verdiene als
eine Ergotherapeutin, und räumt mir einige Tage Bedenkzeit ein. Erleichtert verlasse ich Heiratsschwindlerin das
Office.

Zu Hause recherchiere ich die halbe Nacht, ob es Optionen für mich gibt, die weniger Knochenarbeit und mehr Zuwendung bedeuten. Ich lese mich in die Ausbildung zur Ergotherapeutin, zur Pflegehelferin, zur Betreuungsassistentin ein.

Abends nehme ich einen Brief aus Jerusalem aus dem Briefkasten, öffne ihn, lese ihn, setze mich auf die Stufen des Treppenhauses und muss weinen. Die Äbtissin hat mir ein Zeugnis ausgestellt, das mich daran erinnert, dass meine eigentliche Stärke nicht im Tablettensortieren, sondern in etwas anderem besteht.

Else Buschheuer war im Dezember 2015 und Januar 2016 als ehrenamtliche Hospizbegleiterin in unserer Einrichtung tätig. Das Old City Hospice hält 50 Betten für Patienten in der letzten Lebensphase bereit, die von uns palliativ behandelt werden. Personal und Patienten bilden eine internationale und multikulturelle Gruppe, die Dienstsprachen sind Englisch, Hebräisch und Arabisch.

Frau Buschheuer kam mit reicher Erfahrung als Sterbebegleiterin zu uns und gewöhnte sich schnell in unser Team ein. Da sie Autorin ist, übertrug ich ihr die Einzelbetreuung der Ordensschwester Scholastika, die den Wunsch geäußert hatte, vor ihrem Tod ihre Autobiografie zu schreiben.

Frau Buschheuer erkannte die Bedürfnisse der Patientin schnell und ging auf sie in hervorragender Weise ein. Sie zeigte sich initiativ und fand Zugang zu ihr, was den Pflegekräften bisher nicht gelungen war. Mit Einfühlungsvermögen und Kreativität ermunterte Frau Buschheuer die

Patientin, ihre Lebensgeschichte zu erzählen und als Reichtum zu erleben.

SISTER TIKKA

»Was machen Sie Silvester?«, frage ich die sterbende Nonne.

»Mich betrinken und die Nacht durchtanzen
(du Idiot)!«

»Ich hab eine Idee!«, sagt die Äbtissin. Sie ist eine stattliche, warme, stets von innen heraus lächelnde Frau und führt dieses Hospiz seit Jahrzehnten. Wir gehen den Flur entlang, auf dem sich so viel Elend abspielt, dass ich einen Tunnelblick brauche, um mit dem Schritttempo der Äbtissin mitzuhalten. Wir steuern auf Zimmer Nummer dreizehn zu, auf das Eckzimmer.

Bevor wir eintreten, flüstert sie: »Schwester Scholastika lebt seit drei Monaten bei uns. Sie hat Krebs im Endstadium und möchte ihre Memoiren schreiben.«

Wir treten ein. Das vordere Bett ist leer, im linken liegt eine unaufhörlich wimmernde Gestalt schwer auszumachenden Geschlechts, auf dem rechten, durch einen orangen Vorhang vom linken getrennt, sitzt eine glatzköpfige Frau Ende sechzig. Die Äbtissin tritt an sie heran, spricht mit ihr Hebräisch und zeigt auf mich. Die Frau hebt den Kopf und sieht mich an.

Die Mutter-Tochter-Dynamik greift sofort. Ihr Blick schleudert mich tief in den Unwert meines Daseins hinein. Er sagt: Denk bloß nicht, ich bin das Opfer hier. Denk bloß nicht, du kannst dich zu mir herabbeugen vom Thron deiner Barmherzigkeit, erwarte bloß keine Dankbarkeit.

Ich bin plötzlich furchtbar aufgeregt und stelle mich auf Englisch vor, die Frau nickt müde, als hätte sie gleich geahnt, was für eine Stammlerin ich bin. Irgendjemand, irgendjemand mit einem Namen. So what! Sie winkt mich hinaus, lässt sich in die Kissen sinken und raunt der Äbtissin etwas zu.

»Sie sollen es morgen früh um neun noch mal bei ihr versuchen.«

Ich laufe kilometerweit durch die halbe Stadt, nach Westjerusalem, in mein Airbnb-Quartier, das ich für die nächsten sechs Wochen gemietet habe, weil das Pilgerhaus, in dem ich unterkommen sollte, kurzfristig wegen eines Wasserrohrbruchs geschlossen werden musste. Der ehrenamtliche Einsatz wird nun mehr kosten als ein Maledivenurlaub. Nur dass ich nicht unter Palmen am Meer wohne, neben einem Pool, auf dem – all inclusive – bunte Cocktails angeschwommen kommen, sondern in einem hellhörigen Hühnerkäfig, den ein Hipsterpaar an doofe Touris vermietet. Das Geschäft läuft gut, denn nur wenige Jerusalembewohner inserieren bei Airbnb, und alle, die ich anschrieb, vornehmlich aus der Altstadt, wollten horrendes Geld oder jemanden, der »milchig« und »fleischig« trennt.

Am nächsten Morgen um neun, als ich im geliehenen Kittel der Äbtissin ins Zimmer Nummer dreizehn trete, sitzt die glatzköpfige Nonne, von einem Kissenberg gestützt, aufrecht im Bett. Wieder mustert sie mich lange aus kritischen wimpernlosen grauen Augen.

Diesmal geht es günstig aus. Ich darf bleiben. Die zwei Stunden, die wir uns unterhalten, werden die offensten in den ganzen sechs Wochen sein, aber das weiß ich jetzt noch nicht, ich denke, das geht so weiter.

Ihre Memoiren seien eine hochsensible Angelegenheit, weswegen ich unser Gespräch weder mitschneiden noch mitschreiben könne, lässt sie mich wissen. Und wie immer in solchen Situationen werde ich mit völlig blankem Kopf aus dem Gespräch heraustreten. Ich weiß NICHTS mehr. Ich erinnere mich an überhaupt nichts, und wenn ich einer dritten Person berichten soll, worüber gerade gesprochen wurde, taste ich mich umher wie in einem Labyrinth.

Deswegen pflege ich die Tradition des Gedächtnisprotokolls, wofür mich meine Freunde oft verlachen, wenn ich abrupt eine Zusammenkunft verlasse: »Na, Else, musst du wieder ein Gedächtnisprotokoll schreiben?« Ich setze mich also direkt nach dem Ereignis vor mein Notizbuch und versuche die Erinnerungssplitter Stück für Stück aus meinem Kopf zu ziehen und in Papier zu stecken. In den folgenden Stunden und Tagen werden neue Puzzlestücke dazukommen, die nach und nach eine Geschichte ergeben, von der es keine Gewissheit gibt, ob sie erdacht ist oder erlebt. Dichtung und Wahrheit.

Scholastikas bürgerlicher Name ist Ester Morgenstern.

Sie gibt an, ihr Bruder sei ein weltberühmter Schriftsteller, im Unterschied zu mir auch, dies zwischen den Zeilen, aber unmissverständlich, ein richtiger.

Schriftstellerin! Sie spricht das Wort mit Gänsefüßchen aus, als litte ich an einer Zwangsvorstellung, als sei ich wahnhaft.

Manchmal haben die Szenen etwas Spielfilmhaftes:

Sister Tikka hockt in ihrer Bettengruft wie Marlon Brando in *Apocalypse Now,* finster, stumm, die haarlosen Brauen erhoben, wolkig der Blick.

»Was wollen Sie?«

»Wir waren verabredet. Sie haben gesagt, ich soll kommen.«

Sie hält sich die Hand ans Ohr und verzieht das Gesicht. Sie mag es nicht, wenn ich zu leise spreche.

»Falls es Ihnen noch nicht aufgefallen ist, ich bin krank!«, ruft sie. »Krahank!«

Sie dreht den Kopf zum Fenster. Ihren kahlen Schädel, in dem der Krebs wächst und sie böse macht.

»Soll ich wieder gehen?«, frage ich laut. Sie hält sich die Ohren zu. Sie mag nicht, wenn ich zu laut spreche.

Sie spielt auf mir Klavier wie Hitchcock auf seinem Publikum. Suspense! Als sie die Qualität meines Schreibens beargwöhnt, bin ich zerknirscht. Als sie mir erlaubt, sie »Sister Tikka« zu nennen, bin ich beglückt. Und so will sie mich haben: Aufblickend zu ihr, ein Spielball ihrer Launen. Sie die Wissende, ich die begierig Lernende. Nach ihrer Einschätzung, das sagt sie nicht, aber sie lässt es mich fühlen, so interpretiere ich das, nach ihrer Einschätzung brauche ich eine harte Hand. Bestrafung und Beschenkung muss im richtigen Rhythmus erfolgen, also drei Viertel Peitsche, ein Viertel Zuckerbrot.

Was Sister Tikka mir unter dem Siegel der Verschwiegenheit erzählt, erinnert an die Abenteuer des Barons Münchhausen, nur in finster. Fällt Ihnen eine Katastrophe ein, ein Schicksalsschlag, den Sie fürchten? Sister Tikka hat ihn durchlebt. Gibt es etwas, das Sie sich in Ihren kühnsten Träumen nicht vorstellen können? Sister Tikka weiß es, kann es. Gibt es Personen der Zeitgeschichte, von denen Sie sich immer gewünscht haben, sie zu treffen? Sister Tikka kennt sie, von manchen stammt sie sogar ab. Sie klopft ostentativ auf ihr mit Tesafilm geflicktes Smartphone. Da seien bedeutende Telefonnummern drin.

Sie ist Amerikanerin und kam als Jugendliche nach Jerusalem. In ihrer Kindheit ist sie missbraucht worden, ihr erster Mann und ihre gemeinsame Tochter verunglückten tödlich, ihr zweiter Mann wurde umgebracht, sie war und hatte alles, jedes Unglück, jedes Glück, you name it, orthodoxes Judentum, Katholizismus, Feminismus, einen Doktortitel in Philosophie, einen in Psychologie, einen in Religionswissenschaft. Sie hat als Analytikerin und Suchtberaterin gearbeitet, spricht von sich abwechselnd als Linke und als Esoterikerin. Sie bloggt, schreibt Kurzgeschichten, hat einen Bombenanschlag überlebt und veröffentlicht unter Pseudonymen, die sie mir nicht nennt, Geschichten in Anthologien, die sie mir nicht nennt.

Was zweifelsfrei stimmt: Sister Tikka hat Metastasen in fast allen Organen, in den Knochen, vermutlich auch im Kopf. Letzteren lässt sie nicht untersuchen.

Ihr Computer sei kaputt, ihre Handschrift würde immer schlechter, sie sei müde, habe Schmerzen, lebe im Hospiz, weil ihre Lebenserwartung kürzer sei als sechs Monate. Sie sagt sogar, hier wird es wieder unübersichtlich, jeder Patient brauche so etwas wie eine Bescheinigung fürs Hospiz, dass er auch garantiert bald stürbe. Sie sei im Besitz eines solchen Schriftstücks. Das allerdings wolle und könne sie mir nicht zeigen, das ginge mich nichts an und sei im Safe, unter Verschluss.

Ich darf am nächsten Tag Punkt neun Uhr wiederkommen. Allerdings ist Sister Tikka da in keiner guten Verfassung. Still, stumm und kahl liegt sie in ihrem Bett, kraftlos hält sie ein katholisches Erbauungsbüchlein in die Luft. Sie ignoriert mich erst, vertröstet mich dann auf nachmittags und wirkt so schwach, dass ich fürchte, sie würde den Nachmittag gar nicht erleben.

Sie erlebt ihn, aber schickt mich wieder weg. So kommt es, dass ich an diesem Dezembertag, an dem im christlichen Viertel der Altstadt der große Weihnachtsbaum aufgestellt wird, empfindlich lange Fußmärsche gehe, von Westjerusalem nach Ostjerusalem und zurück, und wieder los, und wieder zurück, immer voller Angst, Verzückung, Staunen für diese weltweit einzigartige Stadt, die ich zum dritten Mal bereise, und ihre Bewohner.

Meine Freundin hat gesagt, warum fährst du über Weihnachten und Silvester nicht nach Tel Aviv? Und ich hab gesagt, wenn ich bunte Cocktails trinken will mit bunten schwulen Männern, dann kann ich genauso gut zu Hause in Schöneberg bleiben. Ich will das andere, das ich nicht kenne, nicht verstehe, und so kann ich meinen Wunsch, ehrenamtlich zu arbeiten, mit einer Bildungsreise verbinden. Einer, ja, Herzensbildungsreise. Leben ist für mich Erleben, und Schreiben ist für mich Am-eigenen-Leib-Erfahren. Ich bin offen, ich will lernen, erfahren, Neues in mich aufnehmen. Das hätte ich mir damals, als ich jeden Tag gelangweilt in die Schule ging, nicht träumen lassen, dass ich als Erwachsene nichts lieber als eine Schülerin sein wollen würde. Allerdings eine in der Schule des Lebens. Und da bin ich seitdem mehrfach sitzengeblieben.

Als ich Sister Tikka beim nächsten Treffen etwas wacher antreffe, macht sie sich über das Niveau meines Englisch lustig. Ich könne ihren Ansprüchen leider nicht gerecht werden. Meinen etwas gekränkten Einwand, dass Englisch nicht, wie in ihrem Fall, meine Muttersprache sei und dass sich mein Verstand – dessen Vorhandensein ich mich geradezu aufgerufen fühle zu beteuern – durchaus nicht am Niveau meiner Fremdsprachenkenntnis messen lasse, lässt sie nicht gelten.

Einmal kommt die Krankenschwester, eine palästinensische Christin, hinzu, Sister Tikka führt mich vor, ich leide, beide lachen. Ich solle jetzt gefälligst abhauen, höhnt Tikka, in irgendeinen Poweryogakurs, in dem ich meine manische Energie abarbeiten könne. Mir fällt eine Notiz aus einem meiner alten Tagebücher ein. »Ob mich ein Übermaß an Lebendigkeit zu den Sterbenden hinzieht?« Ihr frivoler Hintersinn, nämlich dass die Sterbenden das merken könnten, erschließt sich mir erst jetzt.

Beim nächsten Treffen macht Sister Tikka alles wieder gut. Sie zeigt mir die Narbe dort, wo ihre rechte Brust war, ich darf den Flaum auf ihrem Kopf berühren, der erstmals nach der Chemo wieder wächst, darf ihr übers weiße weiche nachwachsende Haar streichen. Ich halte den Atem an, weil ich kaum glauben kann, wie reich ich beschenkt werde, als sie mir – auf Englisch – ein Gedicht von Andreas Gryphius vorträgt.

Pater Lassalle, ein Jesuit und Zenmeister, hat gesagt, dass der Schwerkranke durch sein Leiden allmählich losgeschält wird. In diesem Stadium befindet sie sich wohl, im Stadium der Losschälung. Durch das Morphium verliert sie die Kontrolle über ihre Gefühle und wird für wenige Momente eine Bilderbuchsterbende: Sie nimmt meine Hand, weint und sagt, dass sie Angst hat. Dann, sich zusammenreißend, ich kann den Ruck in ihrem Körper sehen, zitiert sie Viktor Frankl. Sinngemäß: Es geht nicht darum, in welcher beschissenen Situation der Mensch sei, sondern wie er sich dazu verhalte. Das ist einer der rauschhaften Momente, in denen ich anwenden kann, was ich dreizehn Jahre zuvor in der Hospizbegleiterausbildung gelernt habe: Da sein für jemanden, der weggeht. Er währt nur kurz. Sie lässt meine inzwischen verschwitzte Hand los und wischt ihre demonstrativ an der Bettdecke ab. Sie schämt sich für den Moment der Schwäche, ich schäme mich für meine verschwitzte Hand. Wir beide sind nun verlegen.

An den Ideen, die ich ihr für das Schreiben der Memoiren unterbreite, wirkt Sister Tikka gänzlich desinteressiert. Sie lässt durchblicken, dass das Buch eher eine fixe Idee der Äbtissin sei, nicht ihre. Insistiere ich, ist sie rasch wieder unduldsam, ungnädig. Kann sie mich belehren, lebt sie sichtlich auf. Ich füge mich in die mir zugewiesene Rolle und lasse mir von ihr hochwissenschaftlich und detailversessen das Gemälde »Maria Knotenlöserin« erklären, für das sie ein Faible hat, weil sie sich von Maria wünscht, dass sie ihren, Tikkas, Krebs »entknotet«. Nach dem Knotenlöserseminar will sie ihre Ordenstracht anlegen, sich dabei aber ausdrücklich nicht von mir, sondern von einer anderen Praktikantin helfen lassen. Ich soll vor der Tür warten.

Als sie schließlich mit einem triumphierenden »Voilà, Madame!« in vollem Ornat erscheint, nimmt sie mein ehrfürchtiges Staunen über ihre Verwandlung nicht nur wahr, sie scheint es nachgerade darauf angelegt zu haben. Hätte ich sie angekleidet, hätten wir auf den Vorher-Nachher-Effekt verzichten müssen.

Nun erlaubt sie mir, sie zur Messe zu fahren. Zum ersten Mal seit dem Tod meines Mannes habe ich wieder Rollstuhlgriffe in der Hand. Es ist mein Körpergedächtnis, das Erinnerungsblitze schickt, mein Herz, das wie ein Vogel flattert, während ich im Kopf ganz bei Sister Tikka bin, die mir eine unverhoffte Ehre zuteilwerden lässt, und wer uns auf den Gängen des Hospizes begegnet, sieht nichts als eine Europäerin im Krankenhauskittel, die eine Nonne im Rollstuhl schiebt.

Am nächsten Tag bin ich um die Mittagszeit bei Sister Tikka. Eine Krankenschwester bringt das Mittagessen. Sie stellt den Teller auf den Betttisch und löst die Alufolie. Was zum Vorschein kommt, findet keinen Beifall.

»Was soll das sein? Etwa Fleisch?«

Sister Tikka rümpft die Nase und wickelt die Krankenhausdecke fester um sich. Die Krankenschwester und ich sehen uns an.

»Ich esse freitags kein Fleisch. Hat sich das nicht herumgesprochen?«

Die Schwester blättert richtungslos in ihrem Speiseplan.

»Entschuldigen Sie bitte.«

»Ich will Fisch.«

»Wir vom Personal bekommen freitags Fisch. Soll ich Ihnen meine Portion bringen?«

Sister Tikka grunzt. Die Schwester nimmt das Grunzen als Zustimmung und holt eilfertig ihr eigenes Essen.

Manchmal befragt mich Sister Tikka zu meiner Biografie, nickt wissend und sortiert alles ein. Ein Kaiserschnitt? Aha, unentbunden. Nicht gestillt? Aha, unverbunden. Keine Geschwister? Beredt nickend: Alles klar! Und dann lacht sie. Aber nicht über mich, wie sie beteuert, sondern darüber, welches Honorar sie früher als Therapeutin für eine Sitzung genommen habe. Prompt biete ich ihr an, sie zu bezahlen. Sie denkt kurz darüber nach, kommt aber zu dem Schluss, dass das »unethisch« sei.

Vorlesen lassen will sie sich nicht. Im Gegenteil. Sie möchte mich gern zur Christin machen und trägt mir die Beschaffung einer Bibel auf, um wiederum mir daraus vorzulesen. Stolz trete ich am nächsten Tag mit einer von meinem Geld gekauften Bibel an ihr Bett, aber es ist die falsche. Die Äbtissin, die das mitkriegt, tauscht gutmütig meine evangelische gegen ihre katholische, aber inzwischen hat Sister Tikka wegen meines niedrigen Sprach- und Glaubensniveaus die Lust verloren.

Was mich hält, sind die guten Momente oder zumindest die Hoffnung darauf. Ich weiß nie, wann einer kommt und wie lange er bleibt. Einmal sitzen wir gemeinsam auf dem Balkon in der Sonne und sprechen wie gute Freundinnen über Leben und Tod. Als ich aber nach ihrem Bruder frage, hat sie plötzlich keinen Bock mehr: Ich solle sie zurück ins Zimmer bringen und gehen. Im Zimmer bittet sie mich, ihr von meinem Kakao einzuschenken. Sie lächelt und sagt: »Yummy!«

So gehen die ersten beiden von sechs Wochen vorbei. Ich suche und finde einen Druck der »Maria Knotenlöserin«, lasse ihn rahmen und schenke ihn ihr. Sie nimmt das Geschenk huldvoll entgegen.

Ich fühle mich hin- und hergeschleudert zwischen Ablehnung und Zuneigung, gehe einen Schritt auf Sister Tikka zu und weiche zwei zurück. Aber warum tue ich mir das an? Ich muss an die russische Therapeutin denken, die mir einen Hang zum Gefühlssadomasochismus unterstellt hatte. Und dass ich die Therapie daraufhin abbrach, weil getroffene Hunde bellen? Robert Betz würde sagen, dass Sister Tikka mein »Arschengel« ist, ein Mensch, der Gefühle in mir hochholt, die aus der Kindheit stammen, ein Mensch, der eigentlich mein Helfer ist, der mich triggert. Bin ich froh, wird Sister Tikka ungehalten. Bin ich zerknirscht, wirkt sich das günstig auf ihre Laune aus. Möglicherweise bin auch ich Sister Tikkas »Arschengel« und wir zwei ein Match made in heaven.

Einmal, als ich ohne Termin vor sie trete, sitzt sie im blauen Morgenmantel vor ihrem frisch reparierten Laptop, mit Brille und Kopftuch, schimpft auf die moderne Technik und lässt mir den Affront durchgehen.

Ein anderes Mal überrascht sie mich mit ihrem ersten Text, seit sie im Hospiz ist. Es sind nur wenige Sätze, suchende Worte, Kindersprache, keine Interpunktion. Sie beschreibt das Wetter, die Umgebung, dass sie in einem Krankenhaus ist und sich nicht ohne fremde Hilfe bewegen kann. Ich will mit ihr darüber sprechen, aber sie liegt apathisch im Bett, einen ihrer geliebten Morphiumlutscher im Mund.

Inzwischen habe ich ihren Blog gelesen und bin bewegt von ihren Texten, vor allem von denen, die sich um ihre Erkrankung drehen. Ich drucke alles aus, sortiere es, editiere es, lasse es in einem Copyshop binden, bringe ihr das ziegeldicke Buch, lobe sie und sage ihr, dass das Material für die Memoiren, die sie schreiben will, schon in diesem Blog ist. Dass das Buch bereits vorhanden sei. Dass der Blog bereits ein Buch sei, so etwas wie ein »Blog-Buch«.

Sie wendet sich ab und spricht nicht mehr, bis ich gehe. Ihre Reaktion kommt per SMS – mittlerweile hat sie mich gezwungen, eine israelische SIM-Karte zu kaufen, um mir jederzeit absagen zu können: »Wissen Sie, ein Blog ist kein Buch, und es ist nicht dafür gedacht, hintereinander gelesen zu werden. Die Einträge sind keine Kapitel, und deswegen ist es auch kein ›Blog-Buch‹.«

Ihre Schulmeisterei macht mich wütend. Eine Zusammenarbeit auf Augenhöhe lehnt sie ab. Ich ärgere mich, weil ich sehr wohl den Unterschied zwischen einem Blog und einem Buch kenne, weil sie meinen Motivationstrick erkannt, mich überführt hat. Noch ist mir nicht klar, dass sie, indem sie das Schreiben des Buches hinauszögert, mit dem Tod selbst verhandelt. Aber eins ist offensichtlich: Sie will nicht die Betreute sein, sie will betreuen. Sie will nicht die Belehrte sein, sie will belehren.

In meiner Ausbildung zur Hospizhelferin hatte ich gelernt, im Umgang mit Sterbenden nicht lösungsorientiert zu denken. Es geht nicht darum, aus einer Todkranken Memoiren herauszumelken, es geht darum, diese Frau dazu zu bringen, das ist der Nebensatz im Zeugnis der Äbtissin, der mich zwei Jahre später im Treppenhaus zum Weinen bringen wird, »ihre Lebensgeschichte zu erzählen und als Reichtum zu erleben«.

Vor meinem Besuch in Yad Vashem schreibt mir Sister Tikka eine pädagogische SMS, die ich als Screenshot aufgehoben habe: »Try to think about growing with the holocaust as personal history not as a german but as a jew.« Ein anderes Mal ruft sie mich zu sich, was ja jetzt des Telefons wegen jederzeit geht, und gewährt mir eine Zehnminutenaudienz.

In unsrem ersten Gespräch hatte ich erwähnt, dass ich gerade keinen Alkohol trinke, weil ich nach dem Tod meines Mannes eine Zeit lang zu viel getrunken hätte. Seitdem behandelt sie mich wie einen Neuzugang bei den Anonymen Alkoholikern, vor allem dann, wenn ich Themen anschneide, die ihr nicht schmecken. Dann fragt sie unvermittelt: »Haben Sie getrunken? Nicht? Wie lange haben Sie nicht getrunken? Denken Sie gerade ans Trinken? Wie oft denken Sie täglich ans Trinken?«

Als die Äbtissin mich nach zwei Wochen fragt, wie unser Verhältnis sich entwickelt, antworte ich, dass wir uns immer dann gut verstehen, wenn ich mir von Sister Tikka Nachhilfe erteilen lasse in, ja, eigentlich in allen Lebensbereichen: Essen, Trinken, Lektüre, Spiritualität, Frausein, Menschsein, vor allem aber im Denken und Schreiben.

Die Äbtissin sagt nichts, aber legt mitfühlend ihre große warme Hand auf meine.

Einmal texte ich Sister Tikka die Frage, ob ich sie besuchen dürfe. Sie antwortet mit langen kryptischen Buchstabenreihen. Nur die Worte »serious pain« und »do not come« sind zu entziffern.

Das macht eine Hospizbegleiterin ratlos, wenn ihr die zu begleitende Sterbende per SMS genau davon abrät. Ich entscheide, trotzdem hinzugehen. Vielleicht ist es ja so weit? Wie erwartet, reagiert Sister Tikka wütend. Sie hasst es, wenn über sie verfügt wird, und meine leicht egoistische Erklärung, ich sei schließlich von weit her gekommen und insgesamt nicht lange genug in Jerusalem, um mich permanent von ihr wegschicken zu lassen, bringt sie noch mehr auf. Ihr wütender Gesichtsausdruck verfolgt mich durch die nächsten Tage, in denen ich mich »rar mache«.

Schließlich bestellt sie mich ein. Ich stürme wie ein Rosenkavalier die drei Kilometer im Dauerlauf durch die in Sabbatruhe erstarrte Stadt und finde die Patientin in relativ guter Verfassung, auf ihren Füßen, beide Hände am Rollator. Wir laufen den Gang hoch, den Gang runter, wobei sie mich bittet, ihr von hinten meine Hände auf die Schultern zu legen, damit sie sie nicht immer so hochzöge, eine unerhörte Intimität, die mir den Atem nimmt. Dann schließt sie ihren orangen Vorhang um uns – an das Dauerwimmern der russischen Zimmernachbarin haben wir uns mittlerweile beide gewöhnt – und bewundert mein Armband von den vierzehn Nothelfern. Natürlich schenke ich es ihr.

Sie freut sich wie ein Kind, und ihr Glück wird meines, zumal – oder weil? – sie Momente dieser Art nicht gerade üppig auf uns herabregnen lässt. In Momenten wie diesen scheint alles ganz leicht: Du bist hier, und ich bin hier. Auch unser gemeinsames Foto, das ich inzwischen entwickeln und vergrößern ließ, hängt an ihrer Wand, und Sister Tikka scheint mich als Teil ihres letzten Weges akzeptiert zu haben.

Mit meinem selbsterdachten Slogan vom »Blog-Buch« aber habe ich sie offenbar dauerhaft verstimmt. Sie gibt mir den dicken ausgedruckten Batzen ihrer Texte, dessen Herstellung mich fast fünfzig Euro gekostet hat, wieder mit, anstatt darin zu schmökern, und weist mich sogar an, ihn zu vernichten, da es sich um »geheime Informationen« handele. Dass alle Texte für jedermann abrufbar im Internet stehen, lässt ihre Paranoia nicht gelten.

Wenn es Sister Tikka gut geht, neigt sie zum Sarkasmus.

Als ich sie nach der Christmette frage: »Was machen Sie Silvester?«, schaut sie mich aus wimpernlosen Augen an und sagt: »Mich betrinken und die Nacht durchtanzen.«

GASTMUTTER

Ich werd dir helfen, du!

Das Mutter-Tochter-Thema – ungeschriebenes Buch vieler Schriftstellerinnen – zieht sich durch mein Leben, zieht sich durch mein Buch. Eine Hilfsorganisation fragt mich, ob ich eine türkische Dokumentarfilmerin aufnehmen kann, die in Istanbul kurz inhaftiert war und nun für einige Zeit hierbleiben will, um abzuwarten, wie es in ihrem Land weitergeht. Sie ist in meinem Alter, auch verwitwet, und sucht Unterkunft, Job, eigentlich alles, »to settle down«, wie sie es nennt.

In unserem Gespräch erweist sich Özlem, die vorerst im Haus einer befreundeten türkischen Familie in Spandau untergekommen ist, als harte Verhandlerin. Unter sechs Monaten läuft bei ihr gar nichts, als sei sie ein Hauptgewinn, auch als ich wiederholt betone, dass ich sie nicht kenne und ihr, vorübergehend und kostenlos, für maximal zwei Monate meine Gastfreundschaft anbieten wolle. Zu diesem Zeitpunkt habe ich schon zwei Erfahrungen als Gastmutter von Geflüchteten gesammelt, ein persönliches Kennenlernen und eine zu vereinbarende »Probezeit« sind die wichtigsten Erkenntnisse daraus.

Özlem gefällt das nicht. Ehe sie »mit Sack und Pack« hier einzieht, will sie meine Zusicherung für länger. Ich sage ihr, dass im Moment das Dach des Wohnhauses erneuert wird, dass die Fassade und die Balkone neu verputzt werden, dass ich die Hilfsorganisation bereits informiert hatte, erst ab Oktober wieder jemanden aufnehmen zu können, dass sie mir aber nun als dringender Notfall ins Haus schneit. Özlem bleibt unbeirrt. Sie kommt zwar eher als gewünscht, aber dafür will sie länger bleiben. Bis Jahresende, oder wir lassen es gleich.

Es ist mir ein Rätsel, warum wir es daraufhin nicht gleich lassen, sondern ich Özlem aufnehme, obwohl mein Wohnhaus eine Baustelle ist, obwohl mir Özlems Anspruchshaltung nicht entgangen ist, obwohl ich mich vielleicht bald auf eine dreijährige harte Ausbildungszeit inklusive Schichtdienst in der Pflege einlassen und selbst dringend einen Rückzugsort brauchen würde, der meine Wohnung mit Belegung der provisorisch abgetrennten Gästewohnung dann nicht mehr wäre. Vielleicht hat Özlem mit diesem Angebot »Oder wir lassen es gleich«, das ja gleichzeitig eine Drohung ist, eine meiner inneren Baustellen betreten. Vielleicht will ich mich nicht disqualifiziert, auf die Bank geschoben fühlen.

Harmoniesucht kann es nicht sein. Meine typische Reaktion wäre hier eher ein gepflegtes: »Schönes Leben noch!« Zumindest in einer Situation, in der sich zwei gleich starke Menschen treffen. Ein Mensch in Not jedoch, und als solcher ist Özlem in mein Leben getreten, darf Bedingungen stellen, weil er eigentlich der Schwächere ist. Er ist der Mühselige, er ist der Beladene, ich kann (oder muss?) ihn erquicken, und zwar bitte ohne zu zicken.

Jedenfalls sagte ich alles nicht, die Baustelle, der Schichtdienst, die Kosten. Auch nicht, dass ich gerade im Begriff war, in den Urlaub zu fahren, also in den ersten Tagen nicht helfend in der Nähe sein würde. Ich sagte: »Na dann, herzlich willkommen!«

Özlems Eintreffen wenige Tage später, mit dem Taxi, zwei schicken Koffern, einer Tasche, Seidenschal, Sonnenbrille, taucht unseren bescheidenen Altneubau am Nollendorfplatz in ein gewisses Côte-d'Azur-Flair. Ich erzähle ihr von meinem Helferbuchprojekt, und sie ruft begeistert, dass sie genauso sei wie ich. In alle Schwierigkeiten sei sie nur geraten, weil sie hatte helfen wollen, den Kurden,

den Syrern, den Umweltschützern, den Frauen, ach was, jede Ameise würde sie retten.

Wir tranken Kaffee, ich erklärte ihr die Wohnung, später gingen wir um den Block. Am Biomarkt war sie desinteressiert, auch Edeka und Lidl schienen sie kaltzulassen. Der türkische Supermarkt dagegen war ein voller Erfolg. Auf den ersten Lebensmitteleinkauf hatte ich sie eingeladen. Özlem belud sich und mich mit Gemüse, mit Oliven, Käse, Reis sowie verschiedenfarbigen Bohnen, Linsen und Erbsen. Vom Gewicht der Hamstervorräte wankend, schleppten wir ein halbes Dutzend Tüten heim. Dann tranken wir Rotwein auf dem wegen der Bauarbeiten mit Folie ausgelegten leeren Balkon, wobei Özlem mit großem Appetit permanent an selbstgedrehten Zigaretten saugte. Ich stellte ihr Wini, einen Nachbarn, vor, den sie im Notfall ansprechen könnte, dann verabschiedeten wir uns, sie wollte duschen und sich einrichten, ich baden und Koffer packen.

GERECHTIGKEITSDURST

Aus einem unveröffentlichten Interview
mit Robert Betz 2016

RB: Als junger Mann wollte ich die Welt retten, war sehr links orientiert. Heute ist es anders, das Engagement ist stärker. Aber dieses …

EB: ... aber das Linke lässt nach?

RB: Ja, das macht ja auch Sinn.

EB: Warum? Hat das mit Wohlstand zu tun?

RB: Nein, das Linke kommt meist aus dem Opferbewusstsein. Die meisten Linken ... genau wie die Rechten, da treffen sich beide ... sagen ja: Die da oben sind schuld! Das System ist schuld! Das ist Abschieben von Schöpferverantwortung.

EB: Ich dachte, das ist Gerechtigkeitssinn?

RB: Das ist doch dasselbe.

EB: Wieso?

RB: Alle Erwachsenen, die für Gerechtigkeit kämpfen, sind verletzte Kinder. Da sucht das Kind nach Gerechtigkeit. Und das ist mit Wut verbunden und mit Angriff auf andere.

EB: Aber Gerechtigkeit ist doch ... erst mal nix Schlechtes?

RB: Alle, die nach Gerechtigkeit dürsten, fühlen sich erst mal als Opfer und überhaupt, Gerechtigkeit, wo gibt's das, was heißt Gerechtigkeit?

EB: ... Robin Hood?

RB: Der wird nicht fröhlich gestorben sein. Das ist das Gefühl der Verletztheit, der Wut, und aus diesem Gefühl kommt dann dieses: Ich muss kämpfen für die Unterdrückten, gegen die Bösen, gegen die Machthaber, und dann wird alles ein Kampf. Aber dafür war das Leben ja nicht gedacht. Nachher steht auf Ihrem Grabstein: »Und die Else kämpfte bis zum Ende.«

EB: Ist doch gar nicht so schlecht, eine kämpferische Frau zu sein.

RB: Bitte! Machen Sie! Machen Sie!

EB: ... aber ich bin inzwischen auch ein bisschen erschöpft.

RB: Aha, interessant!

WIND OF CHANGE

Nächstenliebe, Altruismus, Bodhisattva

Im Urlaub. Nachmittags bin ich mit Jochen auf der Ostsee gesegelt. Ich erzähle ihm von dem bizarren Bewerbungsgespräch mit dem hemdsärmeligen Glatzkopf. Er lacht und schüttelt ungläubig den Kopf und sagt, ich soll froh und dankbar sein, dass ich die Stelle nicht bekommen hätte. Ich gebe den Kurzdialog wieder, der mir seitdem nicht aus dem Sinn geht:

»Vielleicht hab ich ein Helfersyndrom.«

»Das wäre schlecht.«

Ein Kollege hatte mir mal vorgeworfen, dass ich nicht zulassen könne, dass es mir gut geht. Weil sonst der Stachel in meinem Fleisch fehle und ich kein Argument mehr hätte, anderen Menschen mitzuteilen, wie inhaltsleer und ichbezogen ihr Leben sei. Also müsse ich dorthin gehen, wo niemand hinwolle. Ich frage Jochen: War ich so? Bin ich so?

Jochen, der mich seit über zwanzig Jahren kennt, verneint das. Er ärgert sich über den Begriff »Helfersyndrom«. Dass er ihn, ähnlich wie »Gutmensch«, als Schimpfwort verstehe. Dass es eine Bezeichnung sei, die den Impuls, Gutes tun zu wollen, lächerlich machen wolle. In Wirklichkeit handele es sich oft um Hilfsbereitschaft und Fürsorge, das seien zutiefst menschliche Bedürfnisse.

Ich spreche über meine spirituellen Erfahrungen und dass mein Helfenwollen ja auch als eine Art von Bodhisattvatätigkeit gesehen werden könne. Nach dem buddhistischen Verständnis streben Bodhisattvas nicht allein für sich selbst nach Erleuchtung, sondern helfen zuvor allen anderen Wesen, zur höchsten Erkenntnis zu gelangen. Eine Bodhisattva-und-Hippie-Figur zu sein, zwischen das zweite und dritte Jahrtausend geboren, würde mir am besten gefallen, das wäre jedenfalls eine Auslegung, mit der ich prima leben könnte. Dann bräuchte ich auch keinen Begradigungsbegriff wie den des Helfersyndroms, es wäre gelebte Spiritualität, spirituelle Praxis, eine bestimmte Form von existenzieller Offenheit, die ich lebe und die sich der endgültigen Interpretation verweigert.

Jochen hat es nicht so mit östlichen Religionen und sieht sich als evangelischer Pfarrer fest im Abendland verankert. Wir kommen auf Nächstenliebe, auf die sich aber meiner Meinung nach – ich rede mich in Rage und werde, wie immer, wenn ich in Rage bin, polemisch und ungerecht – die Christen breitärschig gesetzt haben, obwohl christliche Nächstenliebe mit Altruismus nichts zu tun hat, denn Altruismus ist uneigennützig, der Christ jedoch will in den Himmel kommen. Jochen bezeichnet dies als stark vereinfacht, aber interessanterweise nicht als Quatsch, was jedoch daran liegen kann, dass soeben ein Wind aufkommt, der zwar nicht das Meer, aber seine Aufmerksamkeit teilt.

UNTERBROCHENE HINBEWEGUNG

Wer die Mutter nicht nimmt, ist verloren

Es wird erzählt, dass Bert Hellinger, der Theologie studiert hat, Philosophie studiert hat, der Priester wurde, Missionar in Afrika, dann aus dem Orden austrat, heiratete, sich mit Psychoanalyse befasste, Theorien zur Familienaufstellung entwickelte, sich scheiden ließ, dass eben dieser Hellinger sich im hohen Alter von achtzig Jahren zum ersten Mal im Leben verliebt hätte. Und hier ist er nun, einundneunzig, neben seiner erheblich jüngeren Frau Sophie, die ihren Hang zur Astrologie in seine Lehre trug und sein Programm mit »Cosmic Power«-Seminaren anreichert, über die ehemalige Hellinger-Schüler die Köpfe schütteln.

Sophie beginnt. Sie redet angenehm, dunkel, bayerisch, sehr deutlich. Was ist die Mutter. Was bedeutet die Mutter für jeden Menschen. Was passiert mit Beziehungen, wenn ein Mensch die eigene Mutter ablehnt.

»Willst du jetzt was sagen?«, fragt sie ihren Mann.

»Ich?«, sagt Hellinger erstaunt und strahlt sie an, als

erwache er aus einem schönen Traum. Er ist etwas schwer-
hörig, etwas schwachsichtig. Hilfsgeräte lehnt er seit einigen Jahren ab.

»Ja, du!«, sagt Sophie. »Wie kann ein Mann, ein kinder-
loser Mann, so viel über die Mutter wissen?«

Hellinger macht ein listiges Gesicht und ruft in den
Jubel seiner Anhänger hinein: »Weil ich die Mutter des
Familienstellens bin!«

Er erzählt davon, wie es anfing, dass er feststellte, dass
die meisten Menschen mit Beziehungsstörungen ein Mutterproblem haben. Er nennt es »unterbrochene Hinbewe-
gung«. Das Allerschwerste sei, sagt er, zwei Menschen
aufzustellen, einen mit Mutterproblem und eine Stell-
vertreterin für die Mutter, und dann das Kind langsam auf
die Mutter zugehen zu lassen. Er wolle das jetzt mal vor-
führen.

Er blickt in die Runde. Wer hat ein Mutterproblem? Alle
Anwesenden, sonst wären sie ja nicht zum »Mutter«-Se-
minar gekommen. Aber nur wenige wagen es, sich zu melden. Hellinger zeigt auf eine etwa vierzigjährige Frau aus
der Mitte der ersten Reihe. Dann fragt er, wer die Stellver-
treterin für die Mutter sein möchte. Hier heben sich mehr
Hände. Er wählt eine etwa sechzigjährige Frau aus. Beide
stellen sich einander zugewandt, aber maximal entfernt
voneinander auf.

Die Tochter soll einen kleinen Schritt auf die Mutter zu
machen. Sie macht es, ein paar Zentimeter nur, mit ge-
quältem Gesicht. Hellinger, der Regisseur des Ganzen,
blickt von der Tochter zur Mutter und zurück und begnügt
sich in der folgenden halben Stunde mit kurzen Befehlen.

»Noch einen Schritt!«

»Anschauen! Die Mutter anschauen!«

»Die Mutter bewegt sich nicht. Nur die Tochter bewegt sich.«

»Langsam! Langsam!«

»Tu die Brille runter!«

»Nimm die Zeit, die du brauchst.«

Etwa auf halber Strecke fängt die Tochter an zu weinen.

»Jetzt passiert hier was, seht ihr das?«, ruft Hellinger.

Als die Tochter sich auf anderthalb Meter an die Mutter herangeschoben hat, steht sie wie ein Esel und scheint tief bewegt.

»Noch einen kleinen Schritt«, ruft Hellinger.

Widerstrebend gehorcht sie.

»Noch einen kleinen Schritt«, ruft er.

Sie tut es. Irgendwann stehen die beiden Frauen fast Nase an Nase. Schließlich, eher unentschlossen, sinkt die Tochter der Mutter in die Arme. Die Tochter weint, die Mutter hält sie.

»Danke«, sagt Hellinger und, zur Tochter, die etwas verwirrt auf ihren Platz zustrebt: »Komm her, setz dich her.«

Die Frau wühlt nach einem Taschentuch und setzt sich neben ihn.

»Wie geht es dir?«, fragt er.

»Ich bin völlig fertig.«

Sie will weiterreden, aber er legt den Finger auf seinen Mund und sagt streng: »Du hast die Mutter nicht genommen. Du bist verloren.«

DU MUSST ES JA HABEN!

Eine verschwundene Tür, ein kulturelles
Missverständnis

Gleich nach dem Urlaub lud ich mich bei Özlem, meinem
Hausgast aus der Türkei, zum Essen ein. Die Gästewohnung wirkte, als sei Özlem gerade erst angekommen. Die
neue Bewohnerin hatte, so klang es, so roch es, so sah es
aus, zwei Wochen lang auf dem Balkon gesessen und ge-
raucht. Weder den Tiergarten (den sie so dringend hatte
finden wollen, weil sie ohne Natur nicht eine Sekunde leben könne) hatte sie überhaupt nur gesucht, obwohl mein
Nachbar Wini und ich ihr vor meiner Abreise auf ihre Bitte
noch den Weg dorthin aufgemalt hatten, noch hatte sie ein
einziges deutsches Wort gelernt, noch war es ihr gelungen,
eine von meinen DVDs in den eingebauten Schacht des
Fernsehers zu stecken, die sie unbedingt hatte ausleihen
wollen. Sie hatte auch keinen zweiten Versuch unternom-
men, sich in mein einwandfrei funktionierendes WLAN
einzuloggen, nachdem der erste – ich saß gerade erst im
Zug Richtung Ostsee, als mich ihre Klagemail erreichte –
wohl misslungen war.

Gut, einmal muss sie aufgestanden sein. Beim Eintreten
stach mir überm Türrahmen eine seltsame Schiene mit
blauen baumelnden Haken ins Auge, aber da ich mich auf
Özlems Englisch konzentrieren musste und sie fahrig mit
vielen Töpfen herumwirtschaftete, wie um für ganze Ar-
meen zu kochen, stürmte in diesen Minuten zu viel auf

einmal auf mich ein, ich nahm den veränderten Anblick zwar wahr, konnte mir aber keinen rechten Reim darauf machen.

»A little accident« sei passiert, sagte Özlem schließlich mit angstvoll gespielter Beiläufigkeit. Ach. Was denn? Wo denn? – Die Tür.

Erst jetzt fiel mir auf, dass die teure Schiebetür aus Sicherheitsglas, die ich gerade erst hatte einbauen lassen, um den Lärmpegel zwischen beiden Wohnungen zu dämmen und die Heizleistung zu optimieren, nicht dort war, wo sie vorher war, nicht dort, wo sie sein sollte.

»Aber wo ist die Tür?«, fragte ich, nicht verstehend. Özlem fing an zu rudern und zu stammeln, so lange, bis ich endlich kapierte, dass die Tür nicht etwa vorübergehend ausgehängt war, nicht verbeult, zerkratzt oder sonstwie beschädigt, dass sie nicht zur Reparatur woandershin transportiert worden war, sondern dass sie vielmehr VERSCHWUNDEN war.

Özlem stellt nun den Tathergang pantomimisch nach. Sie macht vor, wie sie putzt und mit dem imaginären Besenstiel ganz leicht an einen unsichtbaren Widerstand pocht. Pling. Dann steht sie, wie Sterntaler, sozusagen im Scherbenregen, nur dass sie nicht die Schürze aufhält. Sie zuckt zusammen, zweimal, und weist mit Leidensmiene auf Unterarm und Nacken. Aber sie habe mich nicht im Urlaub stören wollen und deswegen in den folgenden Tagen die Überreste der Tür tütenweise hinunter in die Mülltonne gebracht. Und zwar – dies stolz vortragend – in die richtige, die für Weißglas.

Während ich noch versuche, zu verstehen, wie eine so

kleine Frau eine Sechzehnhundert-Euro-Tür aus Sicherheitsglas erst komplett zerstören und dann komplett entsorgen kann, wie ein Krimineller, der die Spuren seines Verbrechens tilgt, trägt sie das Essen auf und murmelt auf Englisch ein paar Worte, die »kann ja mal passieren« heißen könnten. Ich kaue auf der ungewürzten Bohnenmauke herum, mir ist der Appetit vergangen. Einen Bankkredit, weitere finanzielle Anstrengungen, viele Entbehrungen und Rückschläge hatte es gebraucht, um die Wohnung zu sanieren.

Vor Özlems Einzug hatte ich extra meine Hausratversicherung aufstocken lassen. Gemeinsam mit der Versicherungsvertreterin, die ich nach Hause eingeladen hatte, um ihr zu zeigen, worum es bei mir geht, hatte ich überlegt, was einem hypothetischen Geflüchteten, den ich als Gast aufnehme, alles kaputtgehen und wie ich mich absichern könne, falls er, wovon auszugehen war, nicht versichert wäre. Vielleicht würden Fenster oder Tür nicht ordentlich verschlossen, die Waschmaschine lecken, eine Kerze oder ein Kurzschluss einen Brand verursachen. Auf den Zaubertrick mit einer verschwundenen Tür waren wir nicht gekommen.

Als Kind hab ich einmal eine Silbermünze in den Mund genommen und versehentlich verschluckt. Weil mir das aber peinlich war und ich Strafen fürchtete, behauptete ich steif und fest, ich hätte die glänzende Münze über mich gehalten und vor Bewunderung »Ah!« und »Oh!« gerufen, woraufhin sie mir versehentlich direkt in den falschen Hals gefallen sei. Auch Özlem klang nun wie ein Kind, das Angst hat, gleich setzt's was.

Sie war aber kein Kind, sondern eine Friedensaktivistin, eine Feministin, eine Umweltschützerin, eine Dokumentarfilmerin, der es nach eigenen Angaben nichts ausgemacht hatte, in der Türkei im Gefängnis zu sitzen, und die erwachsen war, eine gestandene Frau meiner Generation.

Das war seltsam, es war auch irgendwie menschlich. Aber warum war ich nur so sauer und bin es noch? Klar, eintausendsechshundert Euro sind eine Stange Geld, zusätzlich dazu, dass ich Özlem für einige Monate kostenlos aufnehmen, das heißt alle anfallenden Kosten übernehmen wollte, aus Solidarität für eine Kollegin, die weniger Glück hat mit dem Land, aus dem sie kommt.

Außerdem: Özlem hat ja meine Tür nicht mit Absicht zerstört. Kann ich nicht nachsichtig sein, endlich mal zeigen, wie wenig ich an Eigentum und Geld hänge? Ist das nicht das »detachment«, das Loslassen, von dem sie im Tempel immer gesprochen hatten?

Aber es ist nicht der Schaden an sich, es ist die Selbstverständlichkeit, mit der Özlem zur Tagesordnung übergeht (»Nun die gute Nachricht: Ich habe geschrieben!«). Das verärgert mich, und dass ich mich, die ich zwei Monate Obdach angeboten hatte, von ihr auf sechs Monate hab hochhandeln lassen, stinkt mir auch schon längst. Nie wollte ich einer von den Menschen sein, die anderen ständig Hilfe anbieten, um sich dann ausgenutzt zu fühlen. Doch genau dieser Fall ist jetzt eingetroffen.

Nach meiner Jerusalemreise hatte ich damit angefangen, Geflüchtete in Notsituationen aufzunehmen. Die ersten beiden waren mir über eine Organisation in meinem Stadtviertel geschickt worden, die sich um homosexuelle

Migranten kümmerte. Ich hatte drei Monate mit ihnen gelebt und insgesamt anderthalb Jahre mehr oder weniger
Verantwortung für sie getragen. Dann kamen die nächsten
beiden über eine andere Organisation, die sich die Hilfe
für junge Migrantenmütter auf die Fahnen geschrieben
hatte. Es handelte sich allerdings nicht um junge Mütter,
sondern um zwei Mädchen, zwei Teenager, die mir einige
Wochen lang auf der Nase herumtanzten. Ich hatte ihnen
Schulbücher gekauft, mit ihnen Gespräche geführt, ihnen
eine Beratung beim Anwalt gesponsert. Sie rauchten in der
Bude, schwänzten ihre Termine, lagen bis nachmittags um
fünf im Bett herum und bettelten ständig um Geld, das sie
in Klubs verfeierten – irgendwann musste ich sie raus-
werfen.

Özlem war der dritte Versuch, erstmals jemand, der im
selben Beruf war wie ich, im selben Alter, in einer ähnli-
chen Lebensphase. Gleichzeitig bröselte aber offenbar
meine Langmut weg. Nach meinem Zeitplan war es sowieso kein einziges Mal gegangen. Immer hieß es vonseiten
der Organisation »sofort«.

Bei Özlem war ich von Selbstermächtigung, Austausch,
Inspiration ausgegangen, aber sie wusste sich ebensowenig zu helfen wie vorher meine Jungs und danach die Mä-
dels. Auch sie suchte irgendjemanden, der die Dinge regelt,
ihr assistiert, der grenzenloses Verständnis und immer die
Spendierhose anhat. Zum Beispiel bat sie mich auch, ihr
einen Job zu besorgen. Eine Festanstellung als Filmema-
cherin, dazu hätte ihr Anwalt geraten.

Und tatsächlich fragte ich alle, die ich kenne – eine Maßnahme, zu der ich für mich selber niemals greifen würde.

Ich erntete die übliche Irritation, so wie ich sie auch fühle, wenn ein entfernter Bekannter mich bittet, eine Petition zu unterschreiben, für sein Buch zu werben oder seiner Mutter Karten für ein XY-Konzert zu besorgen. Gefälligkeiten dieser Art sind nicht zu unterschätzen. Wenn ich (egal ob für mich oder für Dritte) um etwas bitte, werde ich dafür bezahlen müssen. Ich begebe mich in die Welt der Gefälligkeiten. Es korrumpiert mich. Ganz abgesehen davon, dass ich über Özlems berufliche Qualifikation wenig und über ihre Arbeitsweise nichts zu sagen wusste.

Es gab noch einen Satz, den ich häufig hörte, wenn ich von meinen privaten Hilfsmaßnahmen berichtete. »Du musst es ja haben!« Mit der Betonung auf dem Du. Wenn ich erzählte, dass ich einen Menschen aufnahm oder dass ich auf eigene Kosten jemandem half, jemandem etwas schenkte, dann kam das häufig: »Also, Du musst es ja haben!« Meist kam es von Menschen mit Auto, mit mehreren Flachbild-TVs, mit Wochenendgrundstück, mit vermehrter karibischer Urlaubsaktivität. Lauter Dinge, auf die ich verzichte, auf die ich gern verzichte, weil ich sie spätestens seit meiner Tempelzeit nicht mehr brauche, weil ich sie vielleicht noch nie »gebraucht« habe.

»Du musst es ja haben!«

Indem ich das aufschreibe, merke ich gerade, dass mich das ärgert, vielleicht sogar kränkt. Dass es mir etwas ausmacht, wenn jemand über mich denkt, dass ich mein Geld für andere ausgebe, weil ich zu viel davon habe, anstatt verdammt noch mal zu verstehen, dass ich andere Prioritäten setze. Ich wundere mich, dass ich mich missverstanden fühle, und ich nehme an, dass dieses Missverstandenfühlen einer der Gründe ist, aus denen ich Geschichten schreiben und publizieren muss, unabhängig davon, ob sie gelingen oder ob ich damit scheitere.

»Ausdruckskrisen und Anfälle von Erotik: das ist der Mensch von heute.« Damit muss Gottfried Benn mich gemeint haben. Wie elaboriert auch immer ich schreibe, wie scharf auch immer die Instrumente sind, die mir zur Verfügung stehen, ich bin nie sicher, kann nie sicher sein, ob ich mich wirksam mitgeteilt habe. Was die Leser verstehen, liegt außerhalb meiner Wortgewalt. Dennoch höre ich nie auf, zu hoffen, verstanden zu werden, und zwar genauso, wie ich zu verstehen gewünscht werde, auch wenn ich mich nicht erkläre, wenn ich mein Handeln »nur« mit Worten schildern, nur metaphorisch illustrieren kann. Und die, die mich verstehen oder jedenfalls behaupten, mich zu verstehen, lösen bei mir die von Benn erwähnten »Anfälle von Erotik« aus, die wiederum oft in Ehen gipfeln.

Es ist ein Kreuz!

Am nächsten Morgen kroch ich in die Weißglastonne – falls die Versicherung zuständig wäre, waren die dort entsorgten Scherben immerhin der einzige Beweis für die Existenz der Tür. Ein Foto davon hatte es noch nicht gegeben. Ich schrieb der Versicherungsvertreterin, die mir wenig Hoffnung machen konnte. Meine Hausratversicherung umfasse keine Glasschäden, und meine extra abgeschlossene, extra teure Haftpflichtversicherung, die auch unversicherte Gäste einschlösse, trete erst ab 1.12. in Kraft, wenn der alte Vertrag bei einer anderen Firma auslaufe, so wie ich es gewünscht hatte. Ich rief den Glaser an und beschimpfte ihn für seinen Pfusch. Er sagte, so etwas sei ihm in vierzig Jahren noch nicht passiert. Ich fotografierte die »Unfallstelle« und fragte den Kontaktmann von der Hilfsorganisation, wie sie solche Sachen versicherungstechnisch lösen. Die Antwort klang ratlos. Offenbar gar nicht.

War ich sauer, weil die Tür kaputt war, oder war ich sauer, weil mich mein Hausgast dermaßen plump angelogen hatte? Eine Tür aus Sicherheitsglas, sagte der Glaser, könne nur durch Stein oder Metall zerstört werden, und zwar in Kombination mit massiver Gewalt. Ein hölzerner Besenstiel, ein Ellenbogen, ein Kopf kann so etwas nicht anrichten.

Hatte die stark kurzsichtige Özlem vielleicht versehentlich einen Kochtopf gegen das Glas gerammt und schämte sich nun, das zuzugeben? Hatte das für sie etwas mit Gesichtsverlust zu tun? Und ich? Wäre ich weniger angepisst, wenn sie mir ihr Missgeschick nicht als Angriff einer Killertür mit blutigen Folgen geschildert hätte?

Nachmittags erreicht mich von nebenan eine Mail. Özlem beschreibt mir noch mal detailliert, wie – faktisch ohne ihr Zutun, wie von Geisterhand, auch vom Besen ist nun nicht mehr die Rede – der Glasregen auf sie niederging, und vergisst nicht, erneut ihre Verletzungen zu erwähnen, die offenbar mittlerweile an argumentativer Erheblichkeit gewonnen haben. Im Übrigen sei sie nicht nur körperlich, sondern auch seelisch verletzt, und zwar, weil sie das Gefühl hat, es stehe im Raum, dass sie die Tür absichtlich zerstört habe. Deshalb habe sie beschlossen, sofort auszuziehen, heute noch.

Anstatt nach nebenan zu eilen, die Wogen zu glätten und Özlem zurückzuhalten, bleibe ich verstockt an meinem Wohnzimmertisch sitzen, halte die Luft an und preise den Herrn, und zwar so lange, bis Özlem, ohne nochmals bei mir zu klingeln, nebenan die Tür hinter sich zuschlägt.

Wie glücklich mich der Knall macht! Nicht einen Bruchteil dieses Glücks hätte ich verspürt, wäre Özlem niemals eingezogen! Das muss ja auch bedacht sein. Insofern ist das Helfen zweimal glückspendend. Einmal, wenn ich es anbiete, und ein zweites Mal, wenn es vorbei ist.

An jenem Abend, an dem ich unverhofft meine Privatsphäre zurückgeschenkt bekomme, fällt mir wieder ein, wie ich zehn Jahre zuvor den Laptop eines berühmten Filmregisseurs mit Rotwein schrottete. Er hatte daraufhin »Aber das macht doch nichts, das kann ja mal passieren« gerufen, obwohl sonnenklar war, dass das natürlich was machte, dass das sogar ungeheuer viel machte, aber solche Sätze wollen Menschen, die folgenreiche Missgeschicke verursachen, ja schließlich hören.

Oder wollen das nur Deutsche hören? Lag zwischen Özlem und mir ein kulturelles Missverständnis vor? Als ich nach der Rotweinpanne zerknirscht und untröstlich war, hatte mich der Regisseur, anstatt den Verlust seines Rechners und aller Daten zu beklagen, getröstet und aufgerichtet. Vielleicht war das die Erklärung.

»Das kann ja mal passieren« sagen bei uns die Opfer, nicht die Täter. Jeder hat eine Rolle, gelernt ist gelernt. Dass beide Seiten das auch notfalls heucheln, der Täter, der Zerknirschung spielt, und das Opfer, das Vergebung vortäuscht, gehört zum (deutschen? europäischen? abendländischen?) Ritual.

Hoffen wir, dass der Verlust meiner Tür interkulturell was gebracht hat, was mir jetzt noch nicht ganz klar ist.

PARALLELUNIVERSUM

Eine Fata Morgana

Ein Vorstellungstermin in einer ambulanten Pflegeein-richtung, in der ich »einige Tage mitlaufen« darf, richtet mich am nächsten Tag wieder auf. Ha! Ich kann der Ge-sellschaft etwas zurückgeben, obwohl ich die Sache mit Özlem verkackt habe. Und vielleicht ist es überhaupt ge-scheiter, wenn sich die Weltrettung nicht in den eigenen vier Wänden abspielt.

Der Pflegedienstleiter, ein Mann meines Alters, nimmt sich ungewöhnlich viel Zeit. Wir sprechen anderthalb Stunden. Unter anderem frage ich ihn, warum es heutzu-tage unter Jugendlichen als uncool gelte, Krankenpfleger werden zu wollen. Im Kinohit *Fack ju Göhte* wird dieses Thema entsprechend behandelt. Eine der Figuren, »Schan-tall« Ackermann, hat schlechte Leistungen und muss sich zur Strafe im Jobcenter einen Imagefilm zum Thema Pfle-geberufe anschauen. In diesem Film tritt eine junge Alten-pflegerin auf, die von ihrem Beruf schwärmt. Im Gesicht der Altenpflegerin klebt eine riesige Warze. Schantall findet das »voll eklig«, sie und ihre Freunde mutmaßen, dass sich die Altenpflegerin die Warze von einem Rentner zugezogen habe. Zum Schluss ergreift »Schantall« einen »coolen« Beruf: Sie wird investigative Journalistin und landet prompt auf dem *Spiegel*-Titel.

Der Pflegedienstleiter erzählt mir, er sei in den Achtzigern im Westen sozialisiert worden, Friedensbewegung und so weiter, da sei Sozialdienst durchaus was Cooles gewesen. Es wird deutlich, dass das für ihn bis heute gilt. Er wirkt auf sympathische Weise aus der Zeit gefallen. Nach unserem Gespräch stellt er mir seine Kollegin vor, die mich in einer Demenz-WG »schnuppern« lassen will.

Die eigentliche Begegnung habe ich jedoch kurz vorher. Als ich mich dem Gebäude nähere, sehe ich im Gegenlicht vor der Tür einen Mann im Rollstuhl, und mein Herz stockt. Sein Schattenriss ist so deckungsgleich mit dem meines Mannes, das IST mein Mann! Er war nie tot, er wartet dort auf mich.

In der Nacht zuvor hatte ich eine *Star Trek*-Folge gesehen. In ihr stellt Worf, der Klingone, fest, dass seine Gegenwart sich permanent ändert und mit ihr seine Vergangenheit und seine Zukunft. Durch einen technischen Defekt wird er von einem Paralleluniversum ins nächste geschleudert. Einmal gewinnt er einen sportlichen Wettkampf, einmal nimmt er gar nicht teil. Einmal trägt er eine ockerfarbene Uniform, beim nächsten Mal eine rote, einmal hängt das Gemälde rechts, einmal links. Seine Kollegin Troi küsst ihn in einer Szene zärtlich. Als er empört ruft: »Das gehört sich nicht!«, sieht sie ihn erstaunt an, denn in dieser Realität ist sie seine Ehefrau. Die Essenz der linearen Zeit, nämlich dass jeder Tag den nächsten beeinflusst, ist aufgehoben, jedenfalls für Worf.

Star Trek-Figuren nehmen einander metaphysisch ernst. Wenn einer sagt, ich glaube, meine Frau ist nicht meine Frau, dann hören alle hin, beobachten, stellen Überlegungen an. Wenn sich jemand aus dem negativen Paralleluniversum einschleicht, dann wird Alarm ausgelöst. Träume, Visionen, alles kommt auf den Tisch, wird diskutiert, wird entschlüsselt. Niemand sagt: »So ein Unsinn!«

Ich komme aus einer So-ein-Unsinn-Welt. Wenn ich drei Jahre nach seinem Tod meinen Mann zu sehen glaube, ist das dann Unsinn oder ist das ein Nachtodereignis?

Das Unbewusste ist nie linear, es kennt keine Vergangenheit, keine Gegenwart, keine Zukunft. In einer der unendlich vielen anderen Realitäten, in der sich mein Mann gegen Suizid entschieden hätte, würde er also noch leben, und als mein Herz glaubt, ihn zu sehen, ist da keine Verwunderung. Da ist Freude. Es ist wie aus einem Albtraum aufzuwachen. Dort ist mein Mann, er wartet auf mich. Und gleich schieb ich ihn nach Hause.

Aber mit jedem Schritt, den ich mich der Gestalt nähere, verliert sie die Ähnlichkeit mit ihm. Als ich drei Meter entfernt bin, stellt sich der Mann im Rollstuhl als jemand anderes heraus, als Fremder, dem ich im Vorbeigehen grüßend zunicke.

DEMENZ-WG UND KOMMUNALKA

Zusammenleben wider Willen

Der Probetag im Pflegeheim, der einen so starken Eindruck auf mich gemacht hat, liegt nun schon eine Weile zurück, der Sommer dazwischen. Meine Gesundheit ist fragil, aber der Schub meiner Augenkrankheit scheint medikamentös unter Kontrolle, und ich fiebere der neuen Erfahrung regelrecht entgegen. Schon viel zu früh laufe ich vor Ort ums Karree, ungeduldig wartend, bis es endlich neun Uhr wäre und ich auf den Klingelknopf drücken könnte, um meinen Schnuppertag in der Demenz-WG zu beginnen.

Fünf Namen stehen auf einer Pappwolke an der Terrassentür, einer davon ist durchgestrichen. Alle Bewohner werden mir vorgestellt, oder besser: gezeigt.

Als Erstes soll ich Frau Barth ins Bad begleiten. Die kleine neunzigjährige Dame hat nichts zu beanstanden, als ich sie wasche und umziehe. Einmal, ich halte gerade den Waschlappen unter den Wasserstrahl, schnappt sie nach meinem nackten Arm und küsst ihn. Ich sehe sie erstaunt an, sie sieht mich erstaunt an. Gott weiß, wer sie denkt, dass ich bin.

»Ist das Königsberg?«

»Nein, das ist Berlin.«

»Ach so.«

Als wir zurück ins Wohnzimmer kommen, ich sanft den Rollator führend, neben dem die kleine Omi herschlurft, plumpst sie wieder aufs Sofa und lässt sich in derselben Bewegung zur Seite sinken wie ein Mehlsack, in dieselbe Haltung, in der ich sie vorgefunden hatte.

Später lerne ich Frau Kohlrusch kennen, geistig behindert und dement, höchstens sechzig Jahre alt, schwerer Körper, kindliches Gemüt. Stets hält sie ihren Kopf seitlich geneigt, bewegt sich nur mit kleinen Schlurfschritten am Rollator. Erwidert jemand ihren Blick, dann saugen sich ihre großen grauen Augen auf geheimnisvolle Art fest, sodass man nicht wegschauen kann. An den Geschicken der übrigen Bewohner gänzlich unbeteiligt, lebt sie erst auf, wenn Musik ertönt. Kennt sie das Lied, dann reißt sie den Mund auf, zeigt große schiefe gelbe Zähne, klatscht in die Hände, singt mit und freut sich unbändig.

Am nächsten Morgen sitzt Frau Barth hellwach auf dem Sofa. Sie ist fast taub, ich muss sehr laut mit ihr sprechen.

»Ist das Königsberg?«

»Nein, Berlin!«

»Ist das weit weg von Königsberg?«

»Ja, weit weg.«

»Ach so.«

Sie packt ihre Mundharmonika aus und bläst einige Male kräftig hinein. Ich freue mich darüber, in meinem naiven Verständnis geht es ihr »besser«, weil sie musiziert. Einige Sekunden später verzieht Frau Barth angstvoll das Gesicht und legt das Instrument weg. Das ist das Merkmal ihrer Krankheit. Eben noch war sie geborgen. Jetzt ist sie entborgen. Bruchstückhaft teilt sie ihr Erleben mit: Königsberg ist eingekesselt. Die vielen Flugzeuge am Himmel. Das kann ich nie vergessen. Sie weint. Meine Mutter hat Gallensteine gekriegt und musste ins Krankenhaus. Sie weint. Ich möchte nie wieder ein Flüchtling sein. Sie weint laut und ist unablenkbar. Dann fragt sie: Ob jetzt für immer Frieden ist?

Im Verlauf des Tages werden die Ruhepausen zwischen Sorge, Angst und Kummer immer kürzer, und dann scheint eine Idee erst von Frau Barths Kopf, dann von ihrem ganzen Körper Besitz zu nehmen. Während sie sonst immer nur fragt: »Wo ist Königsberg?«, fragt sie nun auf einmal: »Wo ist der Krampasplatz?«

Der sei hier in Berlin, sagt die Betreuerin, ohne nachzudenken. Sofort richtet sich Frau Barth vom Sofa auf und greift nach dem Rollator.

»Ich muss dahin«, sagt sie, »Krampasplatz 7, zu meiner Mutter.«

»Aber Sie sagten doch gerade, Ihre Mutter sei tot?«

Frau Barth sieht mich verständnislos an. Wer ist jetzt hier taub? Sie muss zu ihrer Mutter, wie gesagt. Erst später in meiner Ausbildung zur Demenzbegleiterin werde ich lernen, dass Warum-Fragen oder Hinweise auf Unstimmigkeiten bei Demenz fruchtlos sind.

Ich frage die Teamleiterin. Tatsächlich hatte Frau Barth von 1950 an erst mit ihrer Mutter und nach deren Tod allein am Krampasplatz 7 gelebt, über sechzig Jahre lang, in den sechs Jahren ihres Hierseins sei das nie ein Gesprächsthema gewesen. Sie hat kein einziges Mal davon gesprochen und nicht reagiert, wenn dieses Thema von außen an sie herangetragen wurde. Warum heute? Warum steht der Entschluss nun unerschütterlich fest?

»Ich muss zu meiner Mutter!«

An Frau Barths Entschluss ist nicht zu rütteln. In ihrer Wahrnehmung lebt ihre Mutter und ist nah, zum Greifen nah, gleich nebenan, am Krampasplatz 7. Dort wartet sie auf sie, wartet ungeduldig auf sie, und Frau Barth muss gehen. Mit einer Behendigkeit, die ich ihr nicht zugetraut hätte, versucht sie nun, abwechselnd durch alle vorhandenen Türen auszubüxen. Kommt draußen jemand vorbei, so schreit Frau Barth aus dem Fenster: »Hilfe, Hilfe!« Ihre Verzweiflung ist echt, keine der wohlmeinenden Betreuerinnen scheint für eine solche Komplikation trainiert zu sein.

Je aggressiver Frau Barth gegen sich und andere agiert – bald schlägt sie sich mehrmals mit ganzer Kraft die Faust ins Gesicht –, desto intensiver saugt Frau Kohlrusch sich, von der aufgepeitschten Stimmung im Zimmer magisch berührt, mit ihrem tiefgründigen Kinderblick weiter an jedem, der sie anlächelt, fest.

Im Unterschied zu einer klassischen WG, die auf der Idee von Gemeinschaft beruht, ist die Demenz-WG eine unfreiwillige Gemeinschaft. Ihre Bewohner haben oft den größten Teil ihres Lebens allein gewohnt und sind nun gezwungen, sich Wohnraum zu teilen, sie müssen miteinander umgehen, ob sie wollen oder nicht. (O-Ton Frau Barth: »Wer ist der Idiot auf meinem Sofa?«)

Drei Jahre vorher hatte ich über Weihnachten und Silvester sechs Wochen in St. Petersburg verbracht. Die Sache war als Sprachreise verkleidet, aber in Wirklichkeit wollte ich nicht zu Hause sein, sondern an einem Ort, wo niemand von meinem Schicksalsschlag weiß. Ich buchte mich bei einer russischen Gastfamilie ein und freundete mich mit einer Reiseführerin an, deren Tochter in einer Kommunalka auf dem Newski-Prospekt wohnte. Ich kannte das Konzept der Kommunalka nur aus Lubitschs Film *Ninotschka* mit Greta Garbo und wollte mal eine in echt sehen, also nahm mich Tanja eines Tages mit zu ihrer Tochter.

Acht Parteien teilten sich die Wohnung, acht Klingeln und verschiedenfarbige Drähte überzogen die Wohnungstür. Die Bewohner siezten sich, wenn sie einander auf dem Gang begegneten, und mittags in der Küche kochte jeder sein eigenes Süppchen. Die Bewohner aßen zeitgleich, aber nicht miteinander, sondern nebeneinander. Es war eng und roch streng. Ein Mieter führte bei Toilettenbesuchen sogar seine persönliche Klobrille mit sich. Kein Wort wurde gesprochen. Ihr gemeinsamer Nenner war die Wohnung, und der gemeinsame Nenner der Bewohner einer Demenz-WG ist die Demenz.

Alle Ablenkungsmanöver missglücken derweil, Frau Barths Unglück greift auf uns andere über. Wer sie sieht, wie sie an Klinken rüttelt und wehklagt, wer hört, wie sie aus dem Fenster ruft: »Hilfe, man hält mich fest, benachrichtigen Sie meine Mutter!«, dem zieht sich das Herz zusammen, und auch später, als die beiden »Schieber« genannten DRK-Helfer, die einmal die Woche kommen, um mit ihr spazieren zu fahren, sie tatsächlich auf unsere Bitte hin zum Krampasplatz bringen, will sich keine Besserung einstellen. Frau Barth habe keine Reaktion gezeigt, als sie vor ihrer alten Haustür stand.

HALF IHM DOCH KEIN WEH UND ACH

Musik als emotionaler Fahrstuhl

Am nächsten Tag hospitiere ich in einer anderen Demenz-WG, die etwas mehr an ein Pflegeheim erinnert.
Anke, die Teamleiterin, packt mich nicht in Watte. Ich soll
Frau Klingbeil wecken, die nicht sehr beliebt ist, weil sie
»schimpft und um sich schlägt«. Entsprechend ängstlich
betrete ich mit Anke den Raum. Frau Klingbeil rekelt sich.
Dies sei ein wunderschöner Tag, sie freue sich des Lebens,
wir seien hübsch, röchen gut, sie habe uns lieb.

Anke und ich begleiten sie nun ins Bad, Anke bittet
mich, Frau Klingbeils Schlafanzughose runterzuziehen,
damit wir sie auf die Toilette setzen können. Peng, hab ich
die erste Ohrfeige sitzen. »Du Schlampe, du Sau!«

Mit vereinten Kräften gelingt es Anke und mir, die wie
ein Rohrspatz schimpfende Frau untenrum »frischzuma-
chen«, dann eine neue Einlage in die Hose. Alles wieder
hochziehen. Puh! Obenrum ist es noch schlimmer. Nun ist
Anke das »Dreckschwein«. Anke und ich, immer im Blick-
kontakt, wechseln uns mit der Unbeliebtheit ab. Eine ist
die Sau, die andere die Süße, dann Rollentausch. Wenn
Frau Klingbeil mich zum Kotzen findet, lässt sie sich von
Anke anziehen, wenn Anke bei ihr verkackt hat, darf ich
Frau Klingbeil kämmen. So fügt sich alles wunderbar.
Anke bescheinigt mir Talent.

Frau Klingbeil ist Sängerin und Pianistin gewesen, und
außer ihr ist noch ein musischer Mensch im Frühstücks-

raum anwesend, Dr. Schroth, Musikwissenschaftler, wohl-
artikuliert, aber nicht mehr nachvollziehbar. Er beginnt
Sätze, die im Nichts versanden, er vollführt Gesten, die
schwungvoll anfangen, in der Mitte suchend mäandern
und im Schulterzucken enden. Aber als Frau Klingbeil und
ich nach dem Frühstück zweistimmig das »Heidenröslein«
singen, und zwar alle drei Strophen, da sitzt der mit Haldol
ruhiggestellte Akademiker auf dem Balkon und singt mit,
inbrünstig, tief bewegt:

Und der wilde Knabe brach
's Röslein auf der Heiden.
Röslein wehrte sich und stach,
Half ihm doch kein Weh und Ach,
Musst es eben leiden.

»Sie haben aber schön gesungen, Herr Dr. Schroth!«
»Ich?« Er schüttelt den Kopf. »Ich habe nicht gesungen.«
Es ist unglaublich, wie wirkungsvoll Volkslieder für die
Kriegsgeneration sind. Sie bündeln alles, Kindheit, Heimat, Eltern, Schule. Sie bedeuten Geborgenheit und Glück.
Und auch, wenn sie nur für kurze Zeit wirken, so wirken
sie jedes Mal wie zum ersten Mal.
2012 hatte der Dokumentarfilm *Sound of Heimat* meine
eigene Chorvergangenheit getriggert und mit ihr Dut-
zende von Liedern, die jahrzehntelang in mir geschlum-
mert hatten. Es waren Pionier- und FDJ-Lieder, aber auch
deutsche Volkslieder, deren zweite und dritte Stimmen
und zweite und dritte Strophen ich noch wusste, als hätte
ich sie gestern gelernt.

Ich kaufte mir eine Ukulele, brachte mir drei Akkorde bei und gründete die »Buschheuer-Chöre«. Drei Jahre lang probten die Buschheuer-Chöre regelmäßig in Leipzig und Berlin. Ich hatte extra Hefte gebastelt, mit großer Schrift und fetten Akkorden, manchmal waren Opernsänger anwesend oder Menschen, die ein Instrument spielen konnten, manchmal krächzten aber auch nur Laien vor sich hin. Egal ob Freunde zusammenkamen, Nachbarn, Künstler, Intellektuelle, es war immer schön.

Vom Heidenröslein haben wir die Volkslied- und die Kunstliedfassung gesungen und stundenlang diskutiert, wie die beiden Zeilen zu interpretieren seien: »Half ihm doch kein Weh und Ach,/Musst es eben leiden.« Wer musste leiden? Das Röslein oder der Knabe? Handelte es sich um eine Vergewaltigungsfantasie, war von weiblicher Gegenwehr die Rede? Mein Mann war der Meinung, das Röslein müsse eben leiden. So sei die Welt nun mal. Er war der älteste im Chor, geboren 1944, und wenn er nach einigen Gläsern Rotwein »Ich hatt' einen Kameraden« singen wollte, rastete ich regelmäßig aus.

»Mir egal, ob es auch bei der Bundeswehr gesungen wird, für mich ist das ein Nazilied«, brüllte ich. Er lachte nur und sang es trotzdem. Oder erst recht. Ganz laut, ganz allein und ganz falsch. So war er eben. Er liebte emotionale Fahrstühle. Ich war einer – und auch das Lied war einer. Es schien etwas anzutippen. Er war plötzlich in einer versunkenen Welt. So faszinierend das war, es machte mir Angst. Neunzig Prozent von uns liegen im Unbewussten. Und dieses Unbewusste stelle ich mir vor wie ein tiefes Meer, in dem Ungeheuer wohnen, die einem den Fuß abbeißen können, wie einen finsteren Keller mit bleichen Skeletten, die an Wänden lehnen, wie das ferne Miau der eingemauerten Katze bei Edgar Allan Poe.

Mein Mann hatte die Nazizeit als Baby in einem neuapostolischen Elternhaus erlebt, das den Krieg ausblendete. Woher um Himmels willen kam das Wohlgefühl, das dieses Lied in ihm auslöste? Es war 1809 entstanden unter dem Eindruck des Einsatzes badischer Truppen gegen aufständische Tiroler. Waren es militärische Urahnen, die aus ihm sangen? Rief ihn die Armee der Toten? An seinem Grab hat es dann ein frierender Trompeter gespielt, es war sein Letzter Wille.

In der Arbeit mit Dementen lernte ich, dass nicht schlichtweg irgendein Lied von früher, sondern ein biografisch bedeutsames Lied eine bestimmte Art von Glücksgefühl triggern kann. Das kann heißen, das Baby sitzt auf dem Schoß der Mutter, geborgen, umfangen von ihrer Liebe, und ein Lied läuft im Radio. Das genügt.

In die Demenz-WG kam manchmal ein arbeitsloser Musiker, um mit den Bewohnern zu singen. An dem Tag ließ er mich mitmachen, ich sang aus voller Kehle, es war das erste Mal seit dem Tod meines Mannes, dass ich wieder mit einer Gruppe sang, wieder Volkslieder sang. Ich sang so laut, dass einer der Bewohner das Gesicht verzog, auf mich zeigte und rief: »Nee also die Mausi, dit klingt ja furchbar! Nüscht wie weg hier.« Und das Weite suchte. Demente sind nicht diplomatisch.

Aber Musik kann sie zum Klingen bringen. Ihre sich zersetzenden Gehirne werden zu Resonanzflächen, Klangschalen, Echokammern. Eine Pflegerin erzählt, wie sich einmal Arme und Beine einer dementen Frau, die vergessen hat, wie man läuft, durch Musik daran erinnert haben, dass sie Tangotänzerin war, und wie sie mithilfe dieses Körpergedächtnisses und dem verdutzten Therapeuten als Partner für die Dauer eines Liedes wieder zur Tangotänzerin wird. Sie zieht den Mann durch den Raum, setzt rückwärts einen Fuß hinter den anderen, wie der Tango es erfordert, aber kaum ist das Lied zu Ende, rutscht sie wieder in sich zusammen, kann wieder nicht laufen, erinnert sich nicht an den Vorfall.

»Traust du dir zu, einen Bewohner im Bett zu waschen und anzukleiden?«, fragt Anke. Und ich antworte, wie bei allen Fragen, die mit »Traust du dir zu« beginnen: »Klar!« Ich kann mich noch gut an meinen ersten größeren Zeitungsartikel erinnern. »Trauen Sie sich zu, eine Kolumne zu schreiben?«, fragte der Chefredakteur. Ich wusste zwar nicht, wie das geht, aber das war ja nicht die Frage gewesen. »Klar!«, sagte ich. Und wurde Kolumnistin. Avanti Dilettanti? Die Arche Noah ist von Amateuren gebaut worden, die Titanic von Spezialisten! Und – außerhalb von Hirnchirurgie und amerikanischer Präsidentschaft vielleicht – Seiteneinsteiger können große Quellen der Inspiration sein.

Das Kolumnenschreiben hatte sich als kniffliger erwiesen als vermutet, war allerdings ein Klacks gegen die Aufgabe, vor der ich nun stehe. Der alte Mann ist so schwer aufzuwecken, dass wir kurz denken, er sei verstorben. Irgendwann schlägt er die Augen auf, bleibt aber teilnahmslos und starr. Anke tätschelt aufmunternd meine Schulter und lässt mich mit ihm allein.

Ich sage: »Guten Morgen, Herr Storch, haben Sie gut geschlafen? Ich ziehe Ihnen jetzt etwas Frisches an. Rasieren brauchen wir ja heute nicht, oder?«

Herr Storch ignoriert mich, und ich versuche, das nicht persönlich zu nehmen. Für Interpretationsfragen (Will er keinen Neuling? Kann er nicht reagieren? Mag er mich nicht? Macht er sich absichtlich steif?) ist keine Zeit. Außerdem hängt ihm ein Schlauch aus einem Bauchschlitz, und ich muss ordentlich schwitzen, ehe ich ihm Schlüpfer, Unterhemd und Hose angezogen habe. Der Pullover geht nicht. Den könne ich ihm später im Sitzen anziehen, hatte Anke gesagt. Also muss es ja möglich sein, den Mann hinzusetzen.

Ich zerre Herrn Storch, der steif wie ein Holzscheit ist, als sei ein Sitzgelenk bei ihm gar nicht angebracht, an den Armen nach oben, sodass er auf der Matratze herumrutscht. Da ist nix zu machen. Nicht auszudenken, was hätte passieren können: Ich auf dem Boden liegend, unter Herrn Storch begraben. Ich muss ihn wieder fahren lassen und hole Chris, die bayerische Pflegerin, zu Hilfe.

Die lässt erst mal ordentlich raushängen, dass ich keine Ahnung habe und sie das schon seit sechsundzwanzig Jahren macht, ich zeige Bewunderung und Respekt, dann hieven wir Herrn Storch gemeinsam in den Hebekran und von dort in den Rollstuhl.

Im Verlauf des Tages werde ich ihm zweimal Nahrung reichen müssen, erst Marmeladentoast und dann Kartoffelsuppe, jeden Bissen kaut er ungefähr hundertmal, bevor er schluckt. Dazu Tee aus der Schnabeltasse (schwierig, den richtigen Einfließwinkel zu finden, schmaler Grat zwischen Überhaupt-Schlucken und Ver-Schlucken mit angeschlossenem Hustkrampf).

DER ZEITUNG SAGTE ER BETT

Demenz als Fremdsprache

Die Malteser bieten eine Ausbildung zur ehrenamtlichen Demenzbegleiterin an. Ich hab da erhebliche Wissenslücken festgestellt und muss das lernen! Für ein Infogespräch gehe ich in die Berliner Dependance, soll erzählen, seit wann ich ehrenamtlich arbeite, und muss eine Weile nachdenken. Meinen ersten ehrenamtlichen Job machte ich gemeinsam mit meiner Cousine Kristina Weihnachten 1999. Damals suchte die Stadtmission freiwillige Helfer für eine Obdachlosen-Weihnachtsfeier. Das war eher ein Happening. Wir gefielen uns als Familienweihnachtsverweigerer, genossen das Anderssein unter anderen Andersseienden und tanzten vergnügt mit zahnlosen Junkies.

Die wirklichen Weichen gestellt hat der 11. September 2001, den ich in New York erlebte. Dieses Ereignis hat die Zynikerin in mir getötet, die, die genussvoll das Wort »schön« mit dem Wort »böse« kombinierte. 9/11 war – nach meiner schweren Krankheit als Jugendliche – die zweite massive Endlichkeitserfahrung in meinem Leben. Danach blieb ich in New York und zog in einen Hindutempel. Was

als Lektion in Demut gedacht war, erwies sich als glückspendend, als sinnstiftend. Im Tempel gehörte es zu meinen Aufgaben, jeden Tag Muffins zu backen für die Obdachlosen im Tompkins Square Park.

Ich durfte die Muffins, die anfangs gebackenen Teigbatzen
und nach und nach immer mehr kleinen Kunstwerken äh-
nelten, bald auch selber austeilen. Es dauerte nicht lange,
da wartete ein Grüppchen von homeless people, wenn ich
mit meiner Stiege angewackelt kam. Kommet her zu mir,
die ihr mühselig und beladen seid, ich will euch erquicken.
Es ist nicht sicher, wer von uns mehr Freude hatte, sie in
ihrem Genuss oder ich in der Freude darüber. Mein Genuss dauerte auf jeden Fall länger, denn ich freute mich
vorher, währenddessen und noch Stunden danach, wenn
sie längst das nächste anstehende Problem lösten.

Aus meiner Tempelzeit habe ich bis heute einen Stoßseufzer beibehalten. Wann immer ich etwas verliere und
wiederfinde, wann immer ich haarscharf an einem Zusammenstoß oder sonstigen Malheur vorbeischramme, murmele ich reflexhaft »Thank you, Krishna!«, so wie der ge-
meine Abendländer, auch der ungläubige, »Gott sei Dank!«
ruft.

2004 flog ich von New York nach Kalkutta, um zwei
Monate bei den Missionaries of Charity, der Organisation
von Mutter Teresa, zu helfen. In dieser Zeit wurde mir
klar, dass Altruismus oft der größte Egoismus sein kann
und dass Barmherzigkeit und Hilfe zur Selbsthilfe zwei
unterschiedliche Angelegenheiten sind. Und mir wurde
noch etwas klar: dass ich nicht um die halbe Welt fliegen
muss, um etwas zu tun.

2007, ich war inzwischen nach Leipzig gezogen, machte ich dort eine Ausbildung zur ehrenamtlichen Hospizbegleiterin. Ich arbeitete auf der Palliativstation eines Krankenhauses, im Hospiz und begleitete Sterbende in ihrer privaten Umgebung. Im Umgang mit dem Tod stellte ich fest, dass er mir von Anfang an vertraut war. Wie konnte das sein? Wo waren wir uns vorher begegnet? Bis es mir einfiel. Er hatte wochenlang an meinem Bett gestanden, als ich achtzehn und todkrank gewesen war. Erst am Fußende, wie im Märchen vom »Gevatter Tod«, dann war er zum Kopfende gewandert.

Meine Praktika in den Demenz-WGs hatten mir den Weg in die Demenzbegleitung gewiesen. Ich hatte begriffen, dass es mir leichter fällt, die Türen zu Sterbenden, die Türen zu Dementen zu durchschreiten, während ich die Tür zu meiner eigenen Familie nicht fand. Es war, als sei ich aus anderem Stoff gemacht als die, die immer zu mir sagten: »Ich könnte das nicht.«

In Orwells *1984* gibt es das Zimmer 101. Dort wird jeder Mensch von seiner größten Angst heimgesucht. Das wäre in meinem Fall Demenz. Indem ich dieser Angst begegne, lasse ich nicht zu, mich ihr auszuliefern.

Vielleicht hat mich deswegen die Geschichte von Peter Bichsel immer fasziniert, in der ein Mann die Gegenstände umzubenennen beginnt. »Dem Bett sagte er Bild. Dem Tisch sagte er Teppich. Dem Stuhl sagte er Wecker. Der Zeitung sagte er Bett.« Zum Schluss versteht ihn keiner mehr, obwohl er sich in seiner Sprache klipp und klar ausdrückt. So muss sich Demenz anfühlen.

Der nächste Einsatz naht, und er wird der bisher schwerste

sein. Drei Tage Frühdienst in einem Pflegeheim, als Küken von Uwe, Pflegeassistent auf der Station. Ich: hellblauer Kittel, hellblaue Hose, brav mit Haarband gebändigte Locken, ohne Schminke, Schmuck und Nagellack, wie von der Pflegedienstleitung gewünscht.

Fad, ältlich und austauschbar komme ich mir vor ohne meine individuelle Kleidung, ohne meinen Lippenstift. Pflegehelfer Uwe führt mich geduldig, hat aber eine Schreistimme, die sich Krankenhauspersonal, das oft mit Schwerhörigen spricht, eben angewöhnt. Er ist schon seit gestern im Frühdienst, weiß also, welcher Bewohner frisch geduscht ist (einmal die Woche), wessen Körper welche Schrunden hat (aufgelegen?) und wer wie tickt (eine Bewohnerin will nicht, dass ich, die Neue, zum Ankleiden mit ins Zimmer komme). Wir tanzen nach Uwes Choreografie im Zickzack von Zimmer zu Zimmer, anfangend bei Frau Vogelsang, einer Frühaufsteherin, die gern die Erste im Frühstücksraum ist und Hilfe bei der Morgentoilette braucht, dann zu der Dame, die keinen eigenen Kleiderschrank mehr in ihrem Zimmer hat, weil sie beim Versuch, allein auf Toilette zu gehen, immer alles mit Exkrementen beschmiert. Dann zu einer Frau mit Downsyndrom, dem Liebling der Station, und dann zu einer Frau mit Hirntumor, die immer nörgelt.

Im Unterschied zu den Demenz-WGs, wo ich permanent zum Mitessen und Mittrinken eingeladen wurde, wird hier Kaffee nur heimlich getrunken, und Patientenwasser ist für Pflegepersonal überhaupt nicht erlaubt. Auch das Mittagessen wird hinter vorgehaltener Hand gegessen, Uwe nimmt sich heimlich ein Schälchen mit und löffelt seins hastig nebenbei, wenn er einer Bewohnerin das Mittagessen reicht.

Über Angehörige ist man hier genervt, weil sie Sachen fordern, die im Pflegebetrieb nicht gehen, weil sie oft ihr schlechtes Gewissen mit schlechtem Benehmen kaschieren und weil sie Zeit haben, die Pflegekräfte nicht haben.

Nach Feierabend klingelt mein Telefon. Ich kann eine Stelle als Pflegehelferin haben. Mit dem Bändigen der fluchenden Frau Klingbeil, dem Hang zum Volkslied und der Causa Storch habe ich offenbar überzeugt. Mein lieber Scholli, da ist er, der Pflegenotstand. Ungelernt in den Pflegeberuf, nach nur einem Probetag. Ich bitte um Bedenkzeit.

Uwe ist von den Wo-muss-ich-hin-Fragen der dementen Bewohner schnell genervt. Das wundert mich. So hervorragend er als Pfleger ist, so ungern ist er im irrationalen Bereich unterwegs. In seiner praktischen Lösungsorientiertheit erinnert er mich an Dmitri, den sibirischen Praktikanten der Missionaries of Charity, der mir vierzehn Jahre vorher den Vogel zeigte, als ich mich darüber aufregte, dass die Frauen im Haus der Sterbenden in Kalkutta einmal im Monat auf den Boden gelegt wurden, während er ihre Matratzen sauberspritzte. Wo das doch seit Urzeiten so gemacht wird am Putztag. Wo ich doch den Verkehr nur unnötig aufhielt mit meinem Gejammer!

»Diese Unruhe!«, ruft Uwe, wenn er wieder eine Bewohnerin schreckhaft durch die Flure trippeln sieht, und gibt Fersengeld. Er will Sachen erledigen, abhaken, das gehört zu seiner Definition von Effizienz, aber die Fragen von dementen Menschen erledigen sich nie, sie sind nie beantwortbar, jedenfalls selten zu deren Befriedigung, und wenn doch, dann ist diese Befriedigung binnen Minuten vergessen.

Kontemplative Momente erlebt Uwe beim Waschen von Menschen im Wachkoma. Hier gibt es für jedes Problem eine Lösung. Hier hat er ein eintaktbares Pflegeerlebnis mit vorhersehbarem Ausgang. Ein Waschlappen für oben, einer für unten, frische Windel, neue Sondenkost an den Tropf – fertig ist die Laube.

Bei mir ist es genau andersherum. Ich fühle mich in meinem Element, wenn mein Gegenüber mich aus meiner Welt in seine zieht. Wenn da kein Schild hängt mit »Ich muss leider draußen bleiben«.

Ich bin in der luxuriösen Lage, mich einlassen zu können auf mein Gegenüber, und zwar vorm Hintergrund seiner Lebensgeschichte. Ich habe nicht Uwes Dienstplan, nicht seinen sachbezogenen Pflegeblick, ich leiste mir den Versuch, zurückzutreten, um das große Ganze zu erfassen wie bei einem Gemälde. Für mich ist, egal ob eine apathische Frau im Rollstuhl, ein Mädchen mit Downsyndrom, ein gebückter Opa, jeder Mensch ein sexuelles Wesen mit Erfahrungen, mit Sehnsüchten, mit der irritierenden Farbenpracht einer in sich stimmigen, wenn auch vielleicht an sich »falschen«, weil mit unserer Wahrnehmung noch nicht oder nicht mehr nachvollziehbaren Erlebniswelt.

Dennoch hat jeder seine Lieblinge. Immer wenn Frau Kruse Essen bekommen soll, melde ich mich freiwillig. Sie steht kurz vor ihrem hundertdritten Geburtstag, ihr Sohn – der einzige uns bekannte Verwandte – ist inzwischen selber zu gebrechlich, um sie im Pflegeheim zu besuchen.

Frau Kruse begrüßt jeden, der ihr Zimmer betritt, ausnehmend liebenswürdig. In ihrem Radio ist stets der Klassiksender eingestellt. Es ist möglich, mit ihr kurze Wortwechsel über Wetter oder Essen zu führen, aber zwischen dem Ausruf »Milchreis und Kirschen, ach, das ist aber schön!« und dem tatsächlichen Verzehr hat sich der Essbefehl in ihrem alzheimerkranken Gehirn verlaufen. Es ist also nicht auszumachen: Hat Frau Kruse nun Hunger oder nicht?

»Machen Sie mal den Mund auf!«

Sie lächelt, aber macht nicht auf.

»Bitte, Frau Kruse!«

Nichts.

»Wollen Sie denn nichts essen?«

»Doch.«

»Jetzt!«, ruft Uwe.

Pfeilschnell stoße ich zu. Aber beim »Doch« ist das Mund-O zu klein für den Esslöffel. Vielleicht ist der Esslöffel zu groß. Ich hole einen Teelöffel aus der Küche. Aber jetzt fällt Frau Kruse nicht mehr auf denselben Trick rein. Uwe weiß noch andere.

»Frau Kruse, mach mal AAA«, sagt er im Tonfall, in dem man mit einem Kind spricht, und übernimmt die Löffelgewalt. Er hat Erfolg, einen Teelöffel lang. Dann muss ein neuer Ansatz her:

»War denn Ihr Sohn da?«

»Naaai!« – und rein mit dem Löffel.

»Frau Kruse?«

»Ja?« – und rein mit dem Löffel.

»Bin ich dein Sonnenschein?«

»Ja!« – und rein mit dem Löffel!

Hier übergibt Uwe an mich, er muss weiter.

Ich warte sicherheitshalber, bis er draußen ist.

»Frau Kruse«, rufe ich beherzt, »bin ich Ihr Sonnenschein?«

Sie fixiert mich, denkt nach und zischt durch fest geschlossene Lippen: »Das kann ich leider so nicht bestätigen.«

Ich muss an einen Breitmaulfroschwitz denken und lache jetzt noch, wenn ich daran denke.

Am nächsten Morgen darf ich Frau Vogelsang allein bei der Morgentoilette helfen. Ich finde ihre Unterwäsche nicht, verwechsele die Waschlappen und bringe die falsche Bluse. Die kleine alte Dame merkt, dass ich nervös bin, tätschelt meine Schulter und tröstet mich: »Wir schaffen das schon.«

Das rührt mich an. Sie hilft mir, ihr zu helfen.

Dem Abschlussgespräch mit dem Pflegedienstleiter sehe ich mit leichtem Unbehagen entgegen. Ich trete mit der Bitte um Bedenkzeit vor den patenten Kettenraucher. Er gewährt sie mir. Einen Monat.

Zuletzt kommt Magdalena M. dran, sie ist Polin, ihr Zimmer mit Bildern von Papst Johannes Paul und Madonnenfiguren gepflastert. Vor zwei Jahren hat sie das Essen eingestellt und damit ihren Unwillen bekundet weiterzuleben. Sie hatte keine Patientenverfügung. Niemand aus ihrem Umfeld war präpariert oder autorisiert. In einem solchen Fall wird ein gesetzlicher Betreuer beigestellt. Der verfügte, dass sie künstlich ernährt werden solle. Seitdem hat sie ein PEG, wie es in der Abkürzungsfachsprache heißt, eine perkutane endoskopische Gastrostomie, wird also durch eine Sonde direkt in den Magen künstlich ernährt. Sie liegt gewindelt im Bett, und Nahrungsbrei läuft in ihren Körper hinein. Ein Menschenleben, eingetaktet in eine Lebenserhaltungsmaschinerie, die für jeden anspringt, der den Ausstieg verpasst. Das kann noch Jahre und Jahrzehnte so gehen.

Für Uwe ist Magdalena M. ein Ruhepol. Er kann einfach mal eine Weile bei sich sein, wenn er bei ihr ist.

Wo ist eigentlich meine Patientenverfügung? Mein Mann, den ich zum Vollstrecker bestimmt hatte, ist tot. Magdalena M. ist der Anlass dafür, dass ich Monate später einen Berliner Anwalt aufsuche, der als erste Adresse für intensive Beratung und Begleitung beim Erstellen von Patientenverfügungen gilt.

Uwe und ich haben Magdalena M. im Bett geduscht. Den Kopf in ein aufblasbares Waschbecken gelegt, die Haare nassgemacht, den ganzen Körper nassgemacht, dann alles saubergeschrubbt und trockengetupft. Keine messbare Reaktion. Nur als Uwe ihren Mund mit einer Serviette auswischt – Zähneputzen geht in ihrem Zustand nicht – da fängt sie an zu weinen.

»Na, Magdalenchen«, sagt Uwe und streichelt sie, »dit magste nich, wa?«

MOTOR UND MOTIVATION

Wer hilft dem Helfer?

Cyrano von Bergerac kann wunderbar formulieren. Aber er fühlt sich von seinem Riesenzinken entstellt. Also betätigt er sich als Ghostwriter der Liebesbriefe, die der hübsche, aber dämliche Christian an Roxane schickt. Cyrano verführt Roxane geistig, macht sie verliebt in seine Worte und führt ihr dann – selbstlos – den schönen Körper Christians zu. Damit wird er unsterblich als literarische Figur mit Helfersyndrom. Der Begriff selbst wurde erst viel später erfunden, 1977, von einem Münchener Analytiker namens Schmidbauer. Seitdem hat sich das Wort Helfersyndrom wie Giersch verbreitet. Es ist auch im kleinsten Wortschatz aktiv, jeder Depp scheint es zum Zwecke von Fremd- und Eigendiagnose zu benutzen.

Schmidbauer praktiziert noch, ich schreibe ihm, buche eine Neunzig-Minuten-Sitzung in seiner Münchener Praxis und kaufe mir sein Buch. Ich fühle mich permanent erschöpft, von Ängsten (Krankheit!) und Ehrgeiz (Pflege!) gleichermaßen aufgefressen. Vielleicht hab ich mir in letzter Zeit doch etwas viel zugemutet. Bewege ich mich vielleicht auf einen Burnout zu?

Das rechte Auge ist (noch) gesund, sieht aber von jeher nur vierzig Prozent. Diese vierzig Prozent können mit einer Brille hochkorrigiert werden. Aber es nervt. Zumal ich seit einem Jahr auf dem linken Auge gar nichts mehr sehe. Null. Zero.

Ich kämpfe mit dieser Krankheit seit über dreißig Jahren, aber jetzt tritt sie in eine neue Stufe ein, ich habe die Schübe nicht mehr im Griff. Hornhaut und Linse sind undurchsichtig geworden. Wenn ich links jemals wieder was sehen will, muss ich schnell handeln, sagt mein Charité-Professor. Ein Oberarzt in Hamburg, bei dem ich eine zweite Meinung hole, findet, ich solle lieber noch warten. Mein Hausaugenarzt, der mit seiner ausgleichenden Art versucht, der Blindheitshysterie entgegenzuwirken, empfiehlt einen Kollegen in Düsseldorf, Koryphäe auf dem Gebiet der Hornhautverpflanzung. Zu dem fliege ich, Schmidbauers Buch als Lektüre im Handgepäck. Eine Helferperson wolle »gesünder als gesund, stärker als stark« sein, lese ich, bevor ich erschöpft einschlafe.

Tatsächlich habe ich mich in den letzten Wochen und Monaten von Tag zu Tag immer kleiner und mickeriger gefühlt. Ich hab das vor mir nicht gelten lassen, die Zähne zusammengebissen, jetzt, wo ich wild entschlossen bin, mich ins Heer der Schichtarbeiter einzureihen, jetzt, wo ich nicht einknicken will, weil meine Lebenskrankheit sich wütend in mir aufrichtet.

Nach dem Düsseldorftrip verschlechtert sich mein Zustand innerhalb von Stunden, irgendetwas stimmt nicht, und mein linkes Auge leuchtet rot und gläsern wie eine Cocktailkirsche. Über Nacht mutiert die Cocktailkirsche zum Feuerball, das Auge quillt wie rohes Fleisch aus meinem Kopf und verleiht mir, als ich in den Badspiegel sehe, etwas Glöckner-von-Notre-Dame-haftes. Jetzt kann ich auch nach außen hin nicht mehr so tun, als hätte ich nur eine kleine Bindehautentzündung. Der Schaden ist mir deutlich anzusehen, der Druck von sechzehn auf neunundzwanzig gestiegen.

Meine Hornhaut links sei perforiert wie eine alte Plastiktüte. Als mein Augenarzt mir das mitteilt, heule ich. Es ist natürlich kontraproduktiv, wenn die Patientin aus dem zu untersuchenden Organ nässt. Auf dem Heimweg, in der U-Bahn, sehe ich eine müde Frau, die sich mit beiden Handballen die Augen reibt, als wolle sie sie in ihren Schädel hineinmassieren. Ich möchte ihr am liebsten die Hände wegschlagen. Weiß sie denn nicht, wie empfindlich Augen sind? Sollte sie nicht froh und dankbar sein, zwei gesunde zu haben?

Statt eine Stelle als Pflegehelferin anzutreten, heißt es nun für mich, die Seiten zu wechseln. Ich gehe ins Krankenhaus, diesmal als Patientin, und werde ironischerweise zu dem in Schmidbauers Buch beschriebenen Paradoxon, zur hilflosen Helferin. Passiert das gerade jetzt, weil ich Schmidbauers Buch lese, oder lese ich Schmidbauers Buch, weil ich das gespürt habe?

Im Krankenhaus, ein Loch in der brüchigen Hornhaut, Erosio genannt, das linke Auge im Verband, lese ich weiter über das Helfersyndrom. Ich lese von Menschen, die Helfer werden, weil es ihnen schwerfällt, sich helfen zu lassen, und gleichzeitig bin ich eine verhinderte Helferin, die nun auf Hilfe angewiesen ist, was sie ohnmächtig und sauer und, ja, erst recht hilflos macht.

Sollte das also ein Tauschgeschäft gewesen sein, das ich dem Schicksal vorgeschlagen hatte – ich geb meine Energie und meine Empathie den Kranken, und du lässt mir dafür im Gegenzug mein Augenlicht –, dann ist der Deal geplatzt.

In diesen Tagen, an denen ich in der Charité am Tropf hänge, weil der Professor einen Angriff der Killerviren vermutet, geht mir vieles durch den Kopf. Meine Krankheit fesselt mich ans Bett, sie zwingt mich dazu, von einem handelnden Menschen zu einem nachdenkenden Menschen zu werden. Ich denke darüber nach, wie wenig selbstverständlich es in unserer Familie ist, sich anzurufen, wie wir alles immer allein erledigen, niemanden behelligen, niemandem Umstände machen wollen, und wie schmerzlich spürbar das in solchen Momenten ist, zumal meine stets schlecht gelaunte Zimmernachbarin, das »apokalyptische Schnarch«, wie ich sie bei mir nenne, einen Besucher nach dem anderen kriegt: Ehemann, Kinder, Enkel, Onkel, Tante, Schwägerin, die Menschenkette scheint gar nicht abzureißen.

Ist es bei mir so anders, weil ich es manchmal vorziehe, die Weihnachtsfeste mit »Fremden« (Sister Tikka) zu verbringen? Sogar am Geburtstag meiner Mutter saß ich einmal am Bett eines wildfremden Sterbenden, anstatt mit ihr Torte zu essen. Was ist da los? In meinen Meditationen stehe ich den Eltern der Kindheit gegenüber und zerschneide unsere spinnwebhaften Verstrickungen mit einer riesigen goldenen Schere. Immer wieder. Meine Lieblingsmeditation ist die, in der ich als die kleine Else, die ich war, meinen Eltern als die kleinen Kinder, die sie waren, gegenüberstehe, und in der wir uns alle drei an den Händen nehmen sollen, um spielen zu gehen. Aber irgendwas funktioniert daran nicht. Ich komme immer nur bis zu diesem Punkt. In dem Moment, wenn die drei Kinder Hand in Hand spielen gehen sollen, verschwinden die Bilder. Die

Kinder, die meine Eltern einmal waren, scheinen die kleine Else nicht zu kennen. Oder nicht zu mögen. Sie wollen nicht mit ihr spielen.

Ich darf nicht aufgeben. Ich muss öfter meditieren.

Ich schreibe meiner Tochter, dass ich im Krankenhaus bin. Sie antwortet gleich und stellt viele medizinische Fragen. Nur die beiden nicht, die eine Mutter hören will: Brauchst du was? Soll ich dich besuchen?

Zu meiner Überraschung ist es mein Vater, der mich im Krankenhaus besucht. Er reicht mir die Hand, zieht einen Stuhl ans Bett und setzt sich. Er fragt nach meiner Krankheit, sehr gezielt und detailliert, oft nachfragend, insistierend, er will alles wissen, hat gegoogelt. Dann erzählt er von seinen Krankheiten. Es sind schwere Krankheiten. Er spielt sie weder hoch noch runter, sondern bleibt sachlich, wie es sich für einen Wissenschaftler gehört. Nur als er sein Alter erwähnt, ist leichtes Erstaunen zu hören bei den Worten »Ich gehe auf die 80 zu«, die er zweimal wiederholt, einmal als Frage, einmal als Antwort, und Mutti sei auch nicht mehr die Jüngste. Er erzählt, dass er einen Ordner hat, in dem er Informationen sammelt: Patientenverfügung, Papiere, Bestattung. Ich erzähle ihm, dass auch ich so einen Ordner habe. Wäre meine Mutter dabei, dann wäre das nicht möglich. Sie setzt solchen Themen rigoros ein Ende.

Ich stelle mir vor, dass ich Altenpflegerin bin und mein Vater der Bewohner im Pflegeheim, dem ich bei der Morgentoilette helfe. »Ist schon alles nicht so einfach, Herr Professor«, würde ich rufen. Und er würde lachen und antworten: »Na, das können Sie aber laut sagen, Schwester Else!«

Obwohl mein Vater keine Ahnung davon hat, dass in meinen Meditationen das kleine Mädchen, das ich einst war, mit dem kleinen Jungen, der er einst war, spielen gehen will, gibt es an diesem Nachmittag im Krankenhaus, eine der seltenen Stunden, die wir beide miteinander allein sind, Momente der Nähe. Einmal fordert er mich auf, durch sein Hemd seinen neuen Herzschrittmacher zu berühren, und etwas später bietet er mir an, mir seine Hornhaut zu spenden. Eine, er lacht, Lebendspende. Was ja gar nicht geht. Gemessen an unserer distanzierten Beziehung ist das viel.

Durch die Wucht der Ereignisse Helfer und hilflos gleichzeitig zu sein, Tröster und trostlos, macht mich unruhig. Allein wie ich festhalte, sowohl am Helfenwollen als auch am Sehenwollen, allein wie ich immerfort nachdenke darüber, ob das eine mit dem anderen zusammenhängt, ja, einander bedingt. Wird Zeit, dass das aus berufenem Munde eingeordnet wird.

HERR DOKTOR, BIN ICH KRANK?

Speed-Analyse mit Dr. Wolfgang Schmidbauer

Alle Pflegekräfte, die ich bisher fragte, warum sie den Beruf ergriffen haben, murmelten was von »Helfersyndrom«, als hätten sie sich einen Virus zugezogen, als habe ein

Parasit von ihnen Besitz ergriffen. Es scheint die leichtest-
mögliche Antwort auf eine Allerweltsfrage zu sein. Der
Fragende sagt dann etwas wie »Alles klar!« und weiß Bescheid, weiß, dass der andere einem skurrilen Geheimklub
angehört.

Vor über vierzig Jahren hat Wolfgang Schmidbauer das
Helfersyndrom erstmals benannt und in seinem Buch *Die
hilflosen Helfer* beschrieben. Nun besuche ich ihn in seiner
therapeutischen Praxis in München-Schwabing. Meine
Vorstellung von der Sitzung ist folgendermaßen: Ich bete
meinen Lebenslauf runter, und er kommentiert ihn. Am
Ende stellt er dann die Diagnose: Helfersyndrom oder
nicht. So in etwa.

Schmidbauer ist siebenundsiebzig und wirkt tiefenentspannt. Halblange weiße Haare, braune Lederhose,
jugendlicher Gang, leiser bayerischer Singsang. Was wir
in dieser Stunde besprechen, meinen Lebenslauf nämlich
und meine Gedanken dazu, ist so privat, dass ich hinterher wochenlang Hemmungen habe, das Band abzuhören.
Mein innerer Zensor, die stärkste Gegenkraft des Schreibens, hat diese gekürzte Version des Gesprächs durch-
gelassen:

EB: Ich sorge gern für Menschen, aber eher temporär.
WS: Das passt natürlich. Beim Helfersyndrom will man
nicht abhängig sein. Man hat es lieber, wenn die anderen
abhängig sind. Deshalb temporär helfen. Da ist ja die Idee:
Die Abhängigkeit von der Mutter beschämt das Kind. Es
hat das Gefühl, nicht das richtige Kind für sie zu sein. Das
Kind beschließt, ganz stark zu sein, was für die anderen zu

tun und die Gesellschaft zu verbessern. Das könnte ich mir nun auch bei Ihren publizistischen Sachen, Flüchtlinge, Kalkutta, Hospiz und so weiter vorstellen. Letztlich ist der Mensch aber nun mal abhängig.

EB: Ich hab erst mit fünfzehn angefangen, selbstständig zu denken. Vorher war ich ein Idiot.

WS: Sie waren ein Kind.

EB: Ein Kind, das jedem alles glaubt.

WS: Das ist die Natur des Kindes. Die Reife tritt erst mit fünfzehn, sechzehn ein. Vorher ist das Denken auf die Verarbeitung der Umwelt bezogen. Kritisch distanzieren kann sich ein Kind nicht.

EB: Als Kind hieß ich Sabine, mit zwanzig hab ich mich offiziell in Else umbenannt.

WS: Ach. Wie kamen Sie auf Else?

EB: Else Lasker-Schüler. Ich hab mit sechzehn gedacht, wenn ich mich so nenne, dann werd ich auch so. Ich bin auch so geworden. Seitdem bin ich meinen Eltern nicht mehr geheuer.

WS: Das kann ich mir vorstellen. Was genau ist Ihr Konflikt?

EB: Ich habe das Gefühl, alles, was ich in meinem Leben erreicht und durchlitten habe, habe ich meinen Eltern angetan.

WS: Sie sind ein Gegenbild zu Ihrer Mutter geworden. Mit Ihrer Lust, blaue Augen zu hauen, sozusagen der Schrecken der Kosmetikerin. Sie haben unbewusst gegenagiert, haben sich Fantasiebilder geschaffen, mit denen sie sich identifizieren konnten. Beim Helfersyndrom sagt sich das Kind: Ich will auf keinen Fall andere so behandeln, wie ich behandelt werde. Ich mache aus dieser Passivität Aktivität.

Es ist ja auch Selbstüberschätzung. Man kann nicht immer allen Menschen helfen. Man braucht auch selber Unterstützung und Hilfe. Es ist ein Geben und Nehmen. Das ist das Risiko des Helfersyndroms, dass das nicht gelingt, dass die Beziehungen nicht gegenseitig sind.

Ich denke, Sie haben sehr viel Angst vor Bewertung.

EB: Will ich eine gute Tochter sein?

WS: Sie wollen halt gut sein.

EB: Ist es denn nicht so, dass ich als Hospizbegleiterin und Demenzbegleiterin die Nähe von alten Leuten suche, weil meine Eltern mich nicht an sich ranlassen?

WS: Das ist eine reduktionistische Sicht. Es ist eine interessante Aufgabe, etwas Positives, man muss da nicht nach finsteren Motiven schauen.

EB: Also habe ich ein Helfersyndrom?

WS: Eher ja. Aber wissen Sie, diese Frage, hab ich ein Helfersyndrom, die wird dem Konzept nicht gerecht. Es geht um die narzisstische Komponente der Hilfsbereitschaft. Die ist natürlich immer da. Jeder Mensch hat narzisstische Probleme, jeder Mensch hat Identifizierungen und Gegenidentifizierungen mit seinen Eltern erlebt, das ist Teil der Biografie.

Nachdenklich sitze ich im ICE zurück nach Hause. Ich denke über Schmidbauers Hinweis nach, dass ich vor meinem fünfzehnten Lebensjahr kein Idiot war, sondern ein Kind, und dass ein Kind aus Angst, nicht das richtige Kind für die Mutter zu sein, zum Helfer wird. Was bedeutet in dem Zusammenhang richtig?

Als ich in der DDR mit siebzehn zum ersten Mal Sartre las – es gab ihn nur zitateweise –, da leuchtete mir ein, dass der Mensch zur Freiheit verdammt ist. Wenn weder Erbanlagen noch Erziehung meine Freiheit einschränken können, wenn kein Schicksal meine Wege lenkt und keine Vorsehung, dann bin nur ich es, die in jedem Augenblick frei entscheidet, was zu tun ist.

Knapp zwanzig Jahre später, als ich in den Tempel zog, hieß es dort: »Du bist nicht dein Körper.« Das bedeutete wieder eine andere Form von Freiheit, frei zu sein von Äußerlichkeiten, aber auch von Krankheit und Schmerz. Eine Illusion.

SURRENDER

oder: To go with the flow

Wieder im Krankenhaus. Und sie lassen mich zum Wochenende nicht raus. Dabei hatte ich schon gepackt. Als ich aus dem Untersuchungsraum komme, kämpfe ich die Tränen der Enttäuschung nieder. Was wird nun aus meinen Praktika, meinen Plänen? »Man kann nicht immer allen Menschen helfen«, hat Schmidbauer gesagt. »Man braucht auch selber Unterstützung und Hilfe.« Es fühlt sich scheußlich an, selbst hilfsbedürftig zu sein, ausgeliefert, dem Willen, dem Wissen, der Willkür anderer unterworfen, die nach eigenem Gusto, nach eigenem Zeitplan stellvertretend für mich entscheiden, was das Beste ist. Ich kann plötzlich verstehen, warum Sister Tikka so sauer war.

Der Krankenhausflur bis zu meinem Zimmer ist lang, und während ich einen Fuß vor den anderen setze, ändert sich mein Gefühl. Es ist, als durchschritte ich eine Tür, als sei das Gummiband zerrissen, das mich in die Welt der Gesunden zurückziehen will. Oder will es mich gar nicht ziehen? Habe ich mich nicht selbst mit aller Kraft an die Welt der Gesunden geklammert? Eben war ich noch traurig, nun fühle ich Befreiung. Die Mühseligen und Beladenen, für die ich da sein will, die warten ja gar nicht auf mich. Niemand wartet draußen auf mich. Ich bin selber mühselig, ich bin selber beladen, Ich bin hier, damit mir geholfen wird.

In den vergangenen Monaten bin ich durch die Dauer, die Zähigkeit, Stärke des Rezidivs, durch die immer heftigeren Ausschläge, das Aufflackern, Lodern, Verschlingen, langsam, aber stetig aus meinem ehrgeizigen Vorhaben herausgeglitten. Aber mit jedem Rückschlag, mit jedem neuen Medikament, jedem Arztbesuch wurde die Kraftanstrengung, so zu tun, als wäre alles okay, größer.

Nun bin ich ausgespuckt worden. Nun ist alles egal. Ich hab mich an meinem Vorhaben, als Pflegerin zu arbeiten, festgeklammert wie an einem glitschigen Holzpfahl, und die Krankheit hat an mir gezerrt wie ein reißender Fluss. Jetzt hab ich losgelassen, werde weggerissen, lasse mich in die Welt der Kranken treiben.

Eine Krankenschwester auf meiner Station erzählt, sie sei vor einigen Monaten von der Ambulanz hierher gewechselt, also in den Schichtdienst. Die Arbeit dort habe sie ausgelaugt. Ich wusste sofort, was sie meint. Die tobenden Wassermassen der Krankheit, und alle die Patienten, die sich an die glitschigen Holzpfähle ihrer Ach-so-wichtigen-Gesundheiten klammern. Die rasch zurück nach Hause wollen, weil sie denken, sie kriegen ihren Alltag wieder in den Griff.

Die monströseste Wartehalle aller Augenkranken Deutschlands laugt nicht nur die Patienten aus, auch das medizinische Personal. Wenn ich dort einmal im Monat auf den Professor warte, sind die kargen, neonbeleuchteten Gänge die letzte Zuflucht der Elenden: blinde Kinder, Greise mit Triefaugen, Bauarbeiter mit verätzten Augenhöhlen, alle sind sie vor dem Herrn gleich, alle warten auf den Moment der Gnade.

Jeder Arzt, jede Ärztin, jede Schwester, die vorbeiläuft, senkt den Kopf, um nicht angesprochen zu werden.

»Frau Doktor, ich bin schon seit neun Uhr hier …« – »Frau Doktor, mein Mann hatte um elf einen Termin, jetzt ist es sechzehn Uhr …« – »Frau Doktor, wissen Sie, wo der Herr Professor ist? Er wollte doch meine Tochter anschauen …« – »Frau Doktor, wir sind extra aus Jena gekommen …« – »Schwester, ich muss mal und hab Angst, dass ich dann grad aufgerufen werde …«

Dieser Stress ist in der Luft, die erwartungsvolle Energie, die mehrstimmigen Jammergesänge, Kanons, Quodlibets, das Atemanhalten, Hoffnung, Enttäuschung, totale Resignation, das alles ist in dieser explosiven Mischung und der schlechten Luft der Katakomben kaum auszuhalten. Eine junge Ärztin, die sich seit acht Stunden nicht aus ihrem Behandlungsraum traute, hatte mich einmal gefragt, ob ich ihr rasch draußen am Kiosk ein paar Wiener besorgen könne. Wenn sie selbst ginge, würde sie beschimpft für Umstände, für die sie nichts könne. Würde bezichtigt, Mittagspause zu machen im Angesicht des Elends. Ja, ich besorgte der Ärztin die Wurst und, ja, ich verstand sehr gut, warum die Schwester hierher auf Station gewechselt war.

Allen ging es hier besser. Auch mir ging es hier besser. Solange ich noch ambulant behandelt wurde, sperrte ich mich dagegen, wieder krank zu sein. Ich wollte, dass es nur eine Episode sei, dass es weggehen würde. Ich wollte nicht reingesaugt werden in den Krankenbrei, wollte nicht eine von denen mit verpflasterten Augen, mit Uhrglasverband, mit Zugang im Arm, mit Bändchen ums Handgelenk sein. Eine von den Patienten, denen die Schwester ab und zu Atropin ins Auge tropft, damit die Pupille schön weit ist, wenn der Professor kommt. Falls er kommt. Wollte ich keine Abhängige sein, keine, die auf Hilfe angewiesen ist?

Hier auf Station gibt es kein Warten, der Patient ist immer vorrätig, und irgendwann kommt der Professor schon. Ich habe meine Homebase, Wasser, Tee und Kaffee fließen aus unerschöpflichen Quellen. Ich kann meine Geräte aufladen, Musik hören, im Internet surfen und erfahre die neuesten Witze (»Wohin geht ein Zyklop, wenn er Sehprobleme hat?« – »Zum Auge-Arzt!«)

Der Tag ist wie die Nacht ist wie der Tag ist wie die Nacht. Nur einmal, als der Zugang meines Tropfs gezogen und die junge Ärztin morgens um eins gerufen werden muss, verliere ich kurz die Contenance.

»Wo wollen Sie den neuen Zugang?«, fragt sie, und ihre Finger tasten über meine zerstochenen, mit blauen Flecken übersäten Arme. Ich fange an zu weinen und rufe: »Ich will nach Hause!«

In diesem Moment »bonden« wir. Ich trete für sie aus der gesichtslosen Masse der Patienten, weil sie aus ihrer professionellen Distanz fällt, weil sie aus Müdigkeit ihren Schutzschild sinken lässt, weil sie mein Leid fühlen kann.

Ich treffe sie später wieder, als ich längst entlassen bin und mich zur Nachkontrolle auf Station vorstellen soll. Auf Station bestellt zu werden ist natürlich himmlisch. Man kommt viel schneller dran als unten in der Ambulanz, manchmal schon nach zwei Stunden. Sie erkennt mich und sagt hinterher, ich solle in zwei Wochen wiederkommen.

»Muss ich beim nächsten Mal runter in die Ambulanz zu den Elenden?«

Sie lächelt.

»Sie können hier auf Station zur Nachuntersuchung kommen, aber ich werde nicht da sein.«

»Wo werden Sie denn sein?«

»Bei den Elenden.«

DER KLEINE MANN VORM EDEKA

Resonanzkörper meines Gutseinwollens

Der kleine Mann stand schon vorm Edeka, als es noch Kaiser's war. Lächelnd verkaufte er die Obdachlosenzeitung. Irgendwann fing ich an, ihm Geld zu geben. Sein Lächeln wurde nun breiter, wenn er mich sah. Ich lächelte zurück. Ich ließ mich brauchen. Es ging mir gut damit. Ein Geber und ein Nehmer – das perfekte Paar. Aber dann, nach Tagen, Wochen, Monaten sagen wir, ein gewisser Ereignisdruck baute sich auf, sobald ich meinen Supermarkt ansteuerte und seine Silhouette davor sah. Manchmal überlegte ich es mir in letzter Sekunde anders und ging gar nicht einkaufen, weil er da wieder stehen, lächeln und seine kalte Hand aufhalten würde. Meine Beträge wurden kleiner, realistischer, sozusagen auf Dauer angelegt.

Nach einigen Monaten war er verschwunden. Eine Frau hatte seinen Platz eingenommen. Sie keifte denen, die nichts gaben, mit gellender Stimme hinterher. Mir auch. Ich war erleichtert, dass der kleine Mann weg war. Vielleicht hatte er einen »richtigen« Job gefunden? Ich war auch erleichtert, dass mir seine Nachfolgerin nicht sympathisch war. Ungeschriebene Verträge vererben sich nicht.

Wochen vergingen, dann war er zurück. Warum? Was war geschehen? War sie seine Urlaubsvertretung, war er krank gewesen? War sie seine Schwester, Tochter, Frau? War dem Kassenwart in der Zentrale des organisierten Verbrechens aufgefallen, dass ein gewisser täglicher Betrag, mein

Betrag, nun ersatzlos weggefallen war? Da macht ja sicher irgendwer die Bilanzen. Fünfundzwanzig Euro weniger im Monat, dann tauschen wir den Posten wieder zurück.

Er war wieder da und lächelte mich breit an. »Heute nicht«, sagte ich im Vorbeigehen, ohne den Schritt zu verlangsamen, obwohl er gar nichts gefragt hatte. Warum ging er nicht einfach weg, woandershin? Ich hatte mittlerweile zwei Geflüchtete zu Hause, die es durchzufüttern galt. Warum suchte er sich nicht einen ordentlichen Job, das konnte doch nur ein Übergang sein?

Zwei Wochen lang gab ich ihm nichts, sein Lächeln wurde jeden Tag frostiger. Nach und nach entfreundeten, entfremdeten wir uns, begegneten uns mit dem Unbehagen verstrittener Nachbarn im Hausflur. Vielleicht bilde ich mir das aber alles nur ein. Vielleicht war das der Film, den die Scham über meine neue Knauserigkeit in meinem Kopf abgespult hat. Jedenfalls ging es mir nicht gut mit der Situation.

Der Tag kam, als ich ihm wieder ein Fünfzigcentstück in die Faust schob. Ich wollte, dass es aufhört, dass es wieder gut ist, dass er wieder lächelt. Das geht bis heute so, kleinere Münzen als früher. Wenn ich rauskomme, halte ich sie schon in der Hand, um ihm und mir ein Herumkramen im Portemonnaie zu ersparen. Es ist Geld, das ich auf der einen Seite verdienen und versteuern muss und das ihn auf der anderen Seite vielleicht davon abhält, sein Leben in die Hand zu nehmen.

Das Geld, das ich ihm gebe, steht ihm zu, weil ich ihn darauf konditioniert habe. Gewohnheitsrecht. Gehört das auch zum Helfersyndrom? Dass der Mensch ungebeten

Verträge eingeht und, sobald ein Anspruch eintritt, sauer wird? Oder ist das eine andere Deformation? Wie hatte damals der Swami in Kalkutta gesagt? »Wenn du einem Bettler die Reisschüssel füllst, dann steht er zwanzig Jahre später da mit zwanzig Kindern.«

Der kleine, zufällig vor meinem Supermarkt vorhandene Mann wird zum Resonanzkörper meines Gutseinwollens und gleichzeitig zum Dorn in meinem Fleisch, das muss man sich mal vorstellen. Der steht ja nur da und bietet eine Zeitung feil, während in mir Deutungskollisionen toben. Er hat mir nichts getan, dennoch löst sein Anblick in mir Emotionen und Gedanken aus. Noch einen Monat vorher hatte es mich regelrecht beseelt, ihm mein Wechselgeld zu schenken. Jetzt spürte ich Zorn und Ohnmacht. Was war passiert?

Ich hatte eine Alltagssituation dermaßen personalisiert, dass ich mich von ihr eingeengt fühlte. Auf der Stirn des kleinen Mannes stand mein Name. In Großbuchstaben stand da ELSE, von mir persönlich hineintätowiert.

NOTLÜGEN

und ausbleibende Zuneigung

Ich: »Ich war viermal verheiratet.«
Ex-Therapeutin: »Viermal?«

Ich: »Ja, zweimal hab ich bisher weggelassen, damit ich Ihnen sympathischer bin.«
Ex-Therapeutin: »Das ist Ihnen nicht gelungen.«

WAS GLAUBST DU EIGENTLICH, WER DU BIST?

(Ein heller Stern, der in die Welt gefallen ist)

»Mahler hab ich schon gehört, da warst du noch Quark im Schaufenster.«
    »Ja, Mutti. In deinem.«

SPIRITUELLE VERSTÄNDIGUNG

und ihre Grenzen

Mutter: »Hast du schon mal das Gefühl gehabt, dass du jemandem begegnest, den du glaubst zu kennen?«
Else: »Na ja, als ich das erste Mal in Jerusalem war, hab ich das Gefühl gehabt, dass ich die Stadt schon kenne.«
Mutter: »Das ist ja nun wieder vollkommener Blödsinn!«

SO EIN ZUFALL ABER AUCH

Immer noch Krankenschwester, immer noch Patientin

»Wir kennen uns«, sagt Schwester Dörte.

»Ach ja? Woher denn?«, frage ich.

»Na 1984, du warst stationär, ich hab auf Station gearbeitet, und beide waren wir hinter dem Medizinstudenten her, wie hieß er noch?«

(Ich sage den Namen)

»Ja, genau! Du weißt den Namen noch?«

»Er ist der Vater meiner Tochter.«

TOTE HELFER

und geköpfte weiße Rosen

Bin ungeheilt aus dem Krankenhaus entlassen, mein Glaube an die Schulmedizin ist erschüttert. Meine brasilianische Freundin Ana will eine »Spiritual Surgery« für mich terminieren. In Brasilien sei der Spiritismus eine ganz normale Angelegenheit, die sowohl Religion als auch medizinische Versorgung komplettiere. Erst kürzlich sei ihre Mutter durch Geistheilung eine lästige Migräne losgeworden. Ich lade mir eine Diplomarbeit über Spiritismus runter, lese fasziniert im *Buch der Geister* von Allan Kardec und beginne langsam, mich dem Gedanken zu öffnen.

Noch weiß ich nicht genau, was mich erwartet, wie das funktioniert. Ana findet alles heraus. Es kann auch aus der Ferne geschehen, ich müsse nicht nach Rio de Janeiro reisen. Es koste nichts. Die Mission, die für die spirituelle Operation zuständig ist, ist benannt nach Adolfo Bezerra de Menezes, dem Vater des brasilianischen Spiritismus. Im Internet finde ich ein Bild von einem Mann mit weißem Rauschebart und Fliege.

Wenige Tage später hat Ana einen Termin besorgt und schickt eine E-Mail mit genauen Anweisungen, die sie vom Portugiesischen ins Englische übersetzt hat. Ich leihe weißes Bettzeug und ein weißes Tischtuch bei meinen Nachbarn Nick und Matthew, einen weißen Schlafanzug hab ich selber. Ich soll am Tag der Operation kein Fleisch essen und keinen Alkohol trinken, soll um eine bestimmte Uhrzeit ein Bad in weißen Rosen nehmen, dann ein vorgegebenes Gebet sprechen, Leitungswasser aus einer während des Gebetes geöffneten Ein-Liter-Glasflasche trinken und dreißig Minuten »still im Bett liegen«.

Ich bin aufs Genaueste instruiert und, wie immer, wenn ich mich auf ein Experiment einlasse, peinlich auf Akkuratesse bedacht. Das Gebet, das ich sprechen soll, ist gespickt mit schwülstigen Formeln, Jesus mit seinen »tröstenden Legionen« wird angefleht, dann Bezerra de Menezes und die heiligen Geister, die »würdigen Arbeiter Gottes«. Ich werde jedes Wort ablesen.

Der Termin für die spirituelle Operation liegt, durch die Zeitverschiebung, auf dem Abend. Es ist ein Donnerstag.

Aber insgesamt geht es um vier Donnerstage, denn an den drei folgenden, die »Bandage Days«, »Verbandstage«, genannt werden, wird das Ritual wiederholt.

Der Tote mit dem weißen Rauschebart und der schwarzen Fliege hat selber offenbar keine Zeit. Er hat die spirituelle Operation an einen Kollegen delegiert. Mein Chirurg heißt Laurindo Rabelo und ist einhundertundeins Jahre vor meiner Geburt gestorben. Er war ein brasilianischer Arzt und Poet und trägt auf dem Foto, das ich finde, einen saftigen schwarzen Backenbart. Es gefällt mir gut, dass mich ein Poet operiert. Sein Spitzname war Gecko, entnehme ich dem Internet. Vielleicht konnte er nicht zwinkern, was für die Mikrochirurgie bestimmt ein Segen ist.

Am Tag der Operation bin ich von feierlichem Ernst erfüllt und für weltliche Anliegen nicht zu sprechen. Ich kaufe beim Vietnamesen nebenan ein Dutzend junge weiße Rosen, köpfe sie, lege die Knospen in die Wanne, gieße kochendes Wasser darüber und lasse mir das reinigende Bad ein. Ich bade und wühle mit den Fingern in den duftenden weißen Rosenköpfen, ein durchaus sinnlicher Genuss. Ich trockne mich mit einem weißen Handtuch ab, ziehe meinen weißen Schlafanzug an, spreche das Gebet mit maximaler Hingabe, fülle die Glasflasche mit Wasser und lasse sie während der Operation unverschlossen »so they can act on it«, wie Ana geheimnisvoll schrieb.

Um zweiundzwanzig Uhr fünfundvierzig lege ich mich schließlich aufs Bett, möglichst reglos, damit Laurindos Geist beim Operieren nicht abrutscht (flüstert mir meine Furcht ein), und soll, so wollen es die Instruktionen, an schöne Dinge denken.

Es gelingt mir zu meditieren. In dieser Meditation bin ich, beseelt davon, nur Schönes in meine Seele zu lassen, tatsächlich erstmals geflogen, zu Beginn in meinem weißen Schlafanzug steil wie eine Rakete in die Luft, dann mich verwandelnd in diverse Flugtiere, Adler, Libelle, Flugsaurier, dann mich verwandelnd in diverse eigentlich nicht fliegende Tiere, Fische, Säbelzahntiger, zwölfköpfige Drachen, die ich mit immer kühner werdender Fantasie immer ausgefallenere Pirouetten drehen lasse, die ich je nach Gusto in der Lage bin zu drehen, auf den Bauch, auf die Seite. Es ist beglückend und faszinierend, mit keiner Meditationserfahrung vorher vergleichbar und ist seitdem auch nie wieder gelungen.

Von Yogananda gibt es eine schöne Analogie. Wenn jemand träumt und wacht auf, dann denkt er, ach so, das war nur ein Traum, und das jetzt ist die Realität. Aber wenn jemand meditiert, dann ist die Erfahrung: Das hier ist the real thing, aber das andere, das wir Realität nennen, ist nur ein Traum, ist Maya, die Kraft der Täuschung. So war mir. Und einmal sah ich meinen Körper, der durchsichtig wirkte, von oben auf dem Bett liegen. Die ganze Prozedur habe ich, neugierig, ob die Geister sichtbar würden, mit einer Kamera aufgenommen. Bis heute hüte ich den Vierzig-Minuten-Film wie einen Schatz, auch wenn ich nichts erkennen kann, außer dass ich reglos auf dem Bett liege, bis auf einmal, als ich niesen muss.

Am nächsten Tag ist alles unverändert. Täglich soll ich nun, über den Tag verteilt, vier kleine Gläser des von den Geistern geweihten Wassers trinken, und die Flasche darf bis zum ersten Bandage Day, also eine Woche lang, nicht leer werden. An den drei folgenden Donnerstagen wird das Ritual wiederholt, exakt wie in der Nacht der Spiritual Surgery.

Insgesamt vier Donnerstage, drei Wochen lang, hält mich die Prozedur auf Trab, halte ich mich minutiös an alle Regeln. Ich liebe die Bäder in knackigen weißen Rosenköpfen, deren feste Blütenköpfe ich, im heißen Badewasser sitzend, mit nackten, nassen Fingern aufwühle, damit der Duft auch ganz herauskommen kann.

Laurindos spirituelle Operation misslingt. Mein Auge ist nicht gesundgezaubert worden. Vielleicht, weil ich geniest habe. Vielleicht, weil ich heimlich gefilmt habe. Natürlich haben das alle vorher gewusst.

VERSTRICKUNG

und ein vegetarischer Sündenbock

Ein heißer Sonntagnachmittag im September 2016. Ich bin mit meinen Eltern verabredet, mein Sehvermögen ist zu dem Zeitpunkt noch gut, es liegt noch bei fünfzig Prozent links und vierzig Prozent rechts, ich lege den Weg von Berlin nach Potsdam mit dem Fahrrad zurück.

Meine Eltern und ich sind – mal wieder – einer Lappalie wegen verstritten. Mein Vater hat nun diesen Termin anberaumt und mich mehr oder weniger einbestellt, aber jede der beiden Parteien denkt nach wie vor, die andere sei schuld. Wir sind in einem Straßencafé verabredet, ich sehe die beiden grauen Köpfe von Weitem. Schon bei der Begrüßung ist klar: Wir sind uns alle noch gram. Wir bleiben mühsam beherrscht, lächeln gezwungen und versuchen, harmlos zu plaudern, das alles vorm Hintergrund enormer emotionaler Aufladung.

Ob ich schon gegessen hätte, fragt meine Mutter. Ich höre mich erzählen, dass ich mir unterwegs im Supermarkt Rügenwalder-Mühle-Buletten gekauft und erst beim Verzehr gemerkt hatte, dass es sich um vegetarische handelte.

Ich ziehe die Verpackung aus der Tasche, warum auch immer, und will gerade sagen, dass sich die Fleischindustrie neuerdings als Schaf im Wolfspelz präsentiert, da platzt meinem Vater die Hutschnur. Das sei ja wohl das Letzte, so etwas auch noch »Buletten« zu nennen, schimpft er, vorerst in unbestimmte Richtung. Ich komme gar nicht dazu, ihm beizupflichten, er redet sich schnell in Rage über den »Etikettenschwindel« und dass ich ihn, wie nicht anders zu erwarten, offenbar »propagiere«.

Laut Hellinger verlangt das Leben nach einer bestimmten Ordnung. Es kann passieren, dass ein später geborenes Familienmitglied, ohne es zu wissen, einen Ausgeschlossenen im Familiensystem vertreten muss. Dieses Phänomen nennt man Verstrickung. Ist das System gestört, kann es bei den Nachgeborenen zu andauernder Irritation führen. Alle Personen handeln dann wie Marionetten immer nach demselben Muster. Ich vermute, bei uns liegt etwas in der Art vor.

In jenem Café in Potsdam passiert jedenfalls in den nächsten Minuten das, was immer passiert:

Meine Mutter (Hera) springt meinem Vater (Zeus) bei, während ich (Artemis) mich schützend vor die Buletten werfe, obwohl diese mir vollkommen wumpe sind. Die Buletten, austauschbar durch beliebige andere provozierende Gegenstände, Personen oder Themen, haben das Fass zum Überlaufen gebracht. Die guten Absichten sind zertrümmert. Drei Verwandte ersten Grades trennen sich im Zorn.

KURZZEITGEDÄCHTNIS

Wer ist gleich noch mal ich?

Seit ich auf einem Auge nichts mehr sehe, versuchen meine Freunde, mich mit Einäugigen-Erfolgsgeschichten aufzumuntern. Leute, bei denen es »gar nicht auffällt«, Frank Elstner und Peter Falk zum Beispiel, und die hervorragend klarkommen.

Aber das trifft nicht mein Problem.

Ich kämpfe um das Auge, das in den Aufmunterungsgeschichten bereits nutzlos unterm Tisch liegt. Das ist der Dämon, der meinen Körper in der Zange hält, der Gradmesser für meinen Seelenzustand. Es gibt mir ja immer noch Licht und sehr vage Umrisse, es ist ja da, noch sehe ich wenigstens einen Entwurf von Stereo. »Erblindung ist eine Frage der Zeit, vielleicht fünf Jahre.« Diesen Satz hörte ich mit achtzehn, er ist seitdem mein finsterer Begleiter. Ich habe keine Krankheit, an der man sterben kann. Ich habe eine Krankheit, an der man verzweifeln kann.

Heute war ein Brief im Kasten. Ein Pflegeheim, bei dem ich mich in den Wochen meiner Krankheit nicht gemeldet habe, schickt mir meine Bewerbungsunterlagen zurück. Der Brief macht mir bewusst, dass sich die Vorzeichen geändert haben. Hätte ich den Job als ungelernte Pflegehilfskraft angenommen, dann wäre ich seit zwei Monaten krankgeschrieben.

Meinen Demenzbegleiterkurs erlebe ich als bereichernd. Es steht mir frei, die Ausbildung entweder zu bezahlen oder danach für die Malteser ehrenamtlich zu arbeiten. Wir sind alles andere als eine homogene Gruppe. Eine Krankenschwester aus der Psychiatrie, ein Hartz-IV-Empfänger, dessen Mutter dement ist, eine Lateinamerikanerin mit suizidalem Vater, einige Hospizbegleiter, die sich weiterbilden wollen. Fast alle haben einen Schicksalsschlag erlebt, haben Demenz in der Verwandtschaft oder das ausgeprägte Bedürfnis, anderen zu helfen.

Heute haben wir Validation nach Naomi Feil behandelt. Neben mir sitzt eine Yogalehrerin, die sagt, dass sie das an »Gewaltfreie Kommunikation« erinnere. Ich mache eine Gedankennotiz.

Feil, US-Amerikanerin, sechsundachtzig Jahre alt, hat eine Methode entwickelt, mit der man zu schwer Dementen vordringen kann, Menschen, die schon sehr in sich gefangen sind und sonst kaum noch aktiviert werden können. Validation meint hier das Gültigmachen und damit

Akzeptieren schmerzlicher Gefühle, eins meiner Lebensthemen. Immer dorthin, wo es wehtut.

Alles, was ich bis dahin intuitiv mit Dementen gemacht hatte, was ich von Pflegern und ungelernten Aufsichtspersonen aufgeschnappt hatte, war genau das Gegenteil gewesen: Ablenken, Schwindeln, Ignorieren.

Wenn ich an Frau Barth zurückdenke, die ich gewaltsam davon abhielt auszubüxen, die ich täuschte, überführte, schließlich überwältigte, und wenn ich dann sehe, wie lebensklug und offen Naomi Feil den Dementen begegnet.

Es gibt ein sehr beeindruckendes, anderthalb Millionen Mal geklicktes Video auf Youtube, das wir uns unter Überwindung erheblicher technischer Schwierigkeiten im Schulungsraum der Malteser ansehen. In dem Video besucht Naomi Feil Gladys Wilson, eine siebenundachtzigjährige schwer demente Afroamerikanerin, die völlig in sich verschlossen auf einem Stuhl sitzt. Die Frau spricht nicht, reagiert nicht, ihr Blick ist in sich gekehrt.

Feil hat nichts als ihre Erfahrung – sie wuchs in einem Altersheim auf, das ihre Eltern leiteten, und entwickelt ihre Validationsmethode seit über fünfzig Jahren – und die Information, dass die Frau sehr gläubig ist. Sie nähert sich lächelnd Gladys, berührt sie und spricht mit ihr. Gladys Wilson drückt mit ihrer rechten Hand Naomi Feils Schulter runter. »Sie möchten, dass ich sitze?«, fragt die. Und validiert. Sie spiegelt die Frau, ihren Gesichtsausdruck, ihre Bewegungen, ihren Rhythmus. Sie validiert, bis die Frau nicht nur die Augen öffnet und auf ihre Fragen reagiert, sondern sie werden beide zum Schluss miteinander singen. »He's got the whole world«, singt Naomi. Und dann kommt der Moment, in dem sich der fast zahnlose, verschobene Kiefer von Gladys Wilson öffnet, um »… in his hands« zu singen, und der, bei allem Kitsch der Aufbereitung, hochbeglückend ist – und zwar für alle Beteiligten, für Wilson, für Feil und für den Zuschauer. Zumindest für mich. Oder nur für mich? Gibt es einen persönlichen Grund für die Bewegung, die ich spüre, wenn ich die fremde alte Frau singen höre? Ist da ein verschüttetes Gefühl, ein Versäumnis meinen Großmüttern gegenüber?

Bei keiner von beiden konnte ich sein, als sie starb. Die Mutter meiner Mutter starb an ihrem neunzigsten Geburtstag im Krankenhaus, während wir Geburtstagsgäste im Auto auf dem Weg zu ihr waren. Die Mutter meines Vaters starb, als ich in Amerika lebte und im Zuge eines Greencard-Verfahrens, das missglücken sollte, »on Parole« war, also die USA nicht verlassen durfte. Dass jemand in Deutschland im Sterben lag, konnte ich auf die Schnelle nicht beweisen, erhielt aber den lakonischen Hinweis, dass ich, sobald ich im Besitz einer übersetzten Sterbeurkunde sei, immerhin zur Beerdigung fahren dürfe.

Meine toten Großmütter haben mich auf die Idee gebracht, die Hospizbegleiterausbildung zu machen, um im Notfall für andere abwesende Enkel und Kinder einspringen zu können, wenn andere Großmütter stürben.

GEWALTFREIE KOMMUNIKATION

Liebst du mich? – Wann?

Vielleicht hat die Augengeschichte mich ja auch rechtzeitig ausgebremst. Vielleicht kann ich ehrenamtlich viel besser das tun, was ich kann und wozu eine Pflegefachkraft ohnehin keine Zeit hat: Singen und Musizieren, Zuhören und da sein. Mein Demenzbegleiterzertifikat halte ich bald in den Händen. Zwei Wochen später schließt sich ein Kurs in Gewaltfreier Kommunikation an, den ich nach der Anregung der Yogalehrerin umgehend gebucht habe.

Der Kurs findet am Wochenende in einer Naturheilpraxis in Kreuzberg statt. Ein bärtiger Jüngling öffnet, der mich gleich umarmen will, wobei es unfrisch riecht. Wir sitzen in der Küche und trinken Tee. Er hat Philosophie studiert und lebt jetzt in einer ökologischen Gemeinschaft. Fünf Leute seien wir insgesamt, einige hätten abgesagt.

Ich bin nicht so aufnahmefähig wie bei der Buchung des Kurses erhofft. Die Demenzbegleiterkurserfahrung war sehr intensiv. Die Bereitschaft zu lernen ist da, aber mein kritischer Geist hackt wie ein nervöser Vogel darauf ein. Auf dem Weg hierher war ich von Vorfreude beseelt, jetzt fange ich an zu hadern. Alle ziehen die Schuhe aus, lassen den Tee in der Küche, in den folgenden drei Stunden werde ich komplett innerlich durchfrieren in dem eiskalten Yogastudio.

Gewaltfreie Kommunikation ist mit ihrem Ziel des

»natürlichen Gebens« so etwas wie die (gesunde) Schwester vom (kranken) Helfersyndrom. Das Konzept hat der Amerikaner Marshall Rosenberg in den Siebzigerjahren entwickelt. Er wollte damit das zwischenmenschliche Miteinander verbessern.

In meiner Gruppe: Ole, Erzieher für verlassene Kinder in Spandau, Ralf, der Ehrenamtliche betreut – beide Männer könnten mit ihren bärtigen, verheulten Milchgesichtern Brüder des Kursleiters sein. Außerdem Mara, Mitte zwanzig, die bereits seit einiger Zeit in privatem Rahmen Gewaltfreie Kommunikation praktiziert, nach eigenen Angaben, um ihre Schüchternheit zu überwinden, und Hilda, die gerade ihre Konditionierungen »entlernt«, um in der Familie endlich die zu sein, die sie auch »draußen« ist. So sagt sie das. Sie formulieren, fällt mir auf, alle ähnlich.

Von Anfang an bin ich irritiert, dass der junge Mann, der den Kurs nach eigenen Angaben seit fünf Jahren leitet, sehr unsicher wirkt, nach Worten rudert, dauernd seinen Hosenbund und seinen Hosenstall überprüft, ob auch alles sitzt und nichts aufgeht, und wie ein Pennäler am Spickzettel hängt. Er versäumt auch nicht, bei jeder Übung darauf hinzuweisen, dass er Herzklopfen hat, aufgeregt sei, auch nicht wisse, etc.

Darüber könnte man hinwegsehen, wenn es nicht bereits der Effekt wäre, den GFK, so kürzt er »Gewaltfreie Kommunikation« ab, offenbar auf Menschen hat und haben soll: mit ihren Gefühlen im Kontakt zu sein und sich vor anderen verletzlich zu zeigen.

Wir müssen nun peinliche Übungen machen, entweder Gefühle darstellen wie Wut, Angst, Trauer oder Freude, oder uns in einen Partner einfühlen, ohne Ratschläge, ohne Nachfragen. Wer eine Wortmeldung hat, muss vorher eine Giraffenhandpuppe nehmen, die platt und schmuddelig neben einem brennenden Kerzenstumpen auf dem kalten Parkett liegt. Dass die Giraffe das GFK-Symboltier ist (der lange Hals symbolisiert Weitsicht, das große Herz Mitgefühl), muss ich mir später allein anlesen.

Rosenberg behauptet, man könne sich so verständigen, dass natürliches Geben möglich wird. Was meint er damit? Was meint er mit »echtem empathischen Kontakt«? Kann ich diese Methode auch im Umgang mit meinen Eltern anwenden? Kann ich damit mein Handeln, mein Helfenwollen besser verstehen? Ist das ein Missing Link?

Im Workshop werde ich es nicht erfahren. Anstatt »in meine Kraft« zu kommen, auch so ein Ausdruck, wird mir immer klammer, ich verstelle mich immer mehr, indem ich tue, als sei alles in Ordnung. Dabei will ich – innerlich – einfach nur weg. Nach der »Schichten«-Skizze zu urteilen, die der Kursleiter eben ans Clipboard gekrakelt hat, befinde ich mich jetzt komplett in meiner Schutzhülle, anstatt, wie intendiert, zum Kern vorzudringen, und ich komme nicht umhin, urteilend festzustellen, dass ich von therapieerprobten Phrasendreschern umgeben bin, die zwar nicht müde werden, zu betonen, wie ungewohnt, neu, anders sich das »anfühle«, denen aber dafür die Betroffenheitsvokabeln nur allzu locker von den Lippen tropfen.

So wohl, wie ich mich im Demenzbegleiterkurs (zwischen »real people«) gefühlt habe, auch bei Rollenspielen, zu deren Ausführung es meiner Überwindung bedurfte, so unwohl fühle ich mich in diesem frostigen Raum mit

Zauderern und Zögerern, und obwohl ich zwei Paar stinkige Filzhausschuhe aus dem praxiseigenen Korb übereinanderziehe und schließlich sogar noch eine Decke darum wickele, bleiben meine Füße zwei Eiszapfen, ich fange an zu niesen, mein Hals kratzt (Flucht in die Krankheit?), und ich will einfach nur weg.

Kurz vor der Pause, in einer der Paarübungen, deren Konstellationen mit Memorykarten hergestellt werden (»das Reh ist mit bei den Kühen in der Gruppe«), teasere ich das schon mal an: »War alles bissl viel in letzter Zeit«, »Müde, erschöpft, kalt«, »Ich glaube, da ist was im Anmarsch« etc. pp.

Als um dreizehn Uhr dreißig die ganze Gruppe geschlossen essen geht, wittere ich meine Chance. Ich murmele was von Erledigung, nehme alle meine Sachen mit und schicke dem Leiter aus der U-Bahn eine SMS, dass ich lieber in die Wanne gehe. Er signalisiert volles Verständnis. Bezahlt hab ich ja schon.

Bei Youtube finde ich einen Clip zum Thema Liebe. Rosenberg hält zwei Handpuppen, einen Wolf, der »normal« kommuniziert, und eine Giraffe als Symbol für Gewaltfreie Kommunikation.

Wolf: Liebst du mich?

Giraffe: Um dir auf diese Frage zu antworten, muss ich ein paar wichtige Dinge klarstellen. Benutzt du das Wort »Liebe« als Gefühl?

Wolf: Natürlich!

Giraffe: Okay, das musste ich nur klarstellen. Also, du meinst, ob ich bestimmte warme, kuschelige, zärtliche Gefühle für dich habe?

Wolf: Ja!

Giraffe: Okay, wir Giraffen benutzen das Wort »Liebe« nämlich für ein Bedürfnis, nicht für ein Gefühl. Aber jetzt weiß ich ja Bescheid. Du meinst ein Gefühl. Frag mich noch mal!

Wolf: Liebst du mich?

Giraffe: Wann?

Wolf: Wann?!?

Giraffe: Na, ich möchte ehrlich sein, und ich sehe, wie wichtig dir diese Frage ist, aber wie kann ich ehrlich sein darüber, was ich fühle für dich, ohne Bezug auf einen bestimmten Moment? Gefühle ändern sich alle paar Sekunden, also müsste ich einen bestimmten Zeitpunkt wissen.

Wolf: Was ist mit: Genau jetzt?

Giraffe: Nein. Aber versuch es noch mal in ein paar Sekunden.

DIE AUFERSTEHUNG
DER KLEINEN SABINE

»Liebes Organ, was wünschst du dir am allermeisten?«
(Robert Betz)

Der Zustand meines Auges bessert sich nicht. Alles tanzt durch meine schlaflosen Nächte, die Blindheit, der tote Mann, die Eltern, die Tochter, die ewigen Tänzer. Robert

Betz empfiehlt mir Sabrina Gosselck-White, eine Spezialistin für »mediale Therapie und Channeling«. Im Umgang mit Geistern, zumindest mit brasilianischen, habe ich gute Erfahrungen gemacht. Bei dieser Variante wird offenbar ein Mensch zwischengeschaltet, der als Vermittler fungiert. Klug und stark sieht die Vermittlerin auf ihrer Website aus. Schneewittchen mit Abitur.

Wir verabreden uns für eine Sitzung. Zwei Wochen später, zu einer bestimmten Uhrzeit, zu der ich mich aufs Sofa gelegt und mein Telefon auf Lautsprecher gestellt habe, betritt Sabrina via Telefonleitung von ihrem Haus in Nordrhein-Westfalen aus für hundertfünfzig Euro mein »Energiefeld«. Es scheint ihr dort nicht sonderlich gut zu gefallen. Sie sagt, es fühle sich an, als trüge ich einen Harnisch um die Brust und um die Schultern, wie eine Rüstung. Darunter sei viel Druck.

Es sei eng in meinem Brustraum. Besonders die rechte, also die männliche Seite, sei angespannt und versuche, gegenzuhalten.

Meine linke, meine weibliche Seite, spüre sie gar nicht. Ich sei wohl viel mit einer Kampfhaltung durchs Leben gegangen. Hätte viel Bitterkeit runtergeschluckt, Wut runtergedrückt. Und das Bittere im Magen sei wie mit zwei Röhrchen mit den Augen verbunden (sie weiß, dass ich eine Augenkrankheit habe). Es fühle sich an, sagt sie, als hätte ich einen Ziegelstein auf den Augenlidern liegen. Damit ich da nicht hinschauen muss.

Der Hals sei auch eng, das Ausdrucks-Chakra. An die erstickten Gefühle müsse mal Luft ran. Die müssten fließen, dann würde alles weicher, würde heilen. Man habe mir Linkshänderin durch das erzwungene Schreibenlernen mit rechts (auch das wusste sie vorher) krampfhaft Leichtigkeit abtrainiert, die weibliche Seite sei im Dornröschenschlaf, die männliche müsse den Job für zwei machen.

Sabrina sagt, sie spürt eine Kampfansage der Mutter gegenüber und dass sie jetzt die Energie meiner Mutter in die Sitzung einlädt, um herauszufinden, an welcher Stelle ich mich »gegen das weibliche Prinzip« entschieden hätte. Statt einer starken, riesigen mütterlichen Energiewelle kommt aber nun zu Sabrinas Überraschung nur ein kleiner Schwapp.

Und jetzt weiß sie Bescheid. Die kleine Sabine sei damals nicht satt geworden an Liebe. Der Kampf um Aufmerksamkeit habe sie schon damals erschöpft. Höchstleistungen vollbringen, um das Nötigste zu bekommen. Die kleine Sabine sei sich im Laufe der Zeit so sicher geworden, dass sie so, wie sie ist, nicht in Ordnung ist, dass sie eine andere Persönlichkeit angenommen habe. Durch die Abspaltung der Sabine von Else sei ein Teil meines Kinderherzens und meiner Kinderseele abgetrennt von mir, mir stünde gar nicht mein ganzes Potential zur Verfügung.

Sabrina bittet nun den Erzengel Michael, die Verstrickung zu lösen und die Verbindung zu Mutter Erde wiederherzustellen. Sie bittet um das weißgoldene Licht »aus der Quelle selbst«. Das liefe, so erklärt sie mir, nun wie ein Reparaturprogramm durch. Und jetzt solle die kleine Sabine sich daran erinnern, wer sie wirklich ist. »Sie soll satt werden an deiner Brust.« Die rechte Gehirnhälfte sei wieder mit der linken verbunden. Erzengel Raphael geht mit seiner heilenden Energie tief in meine Augen, und er legt ein Bild von der kleinen Sabine hinein.

Dass männliche Erzengel durch meinen Körper marschieren, erfüllt mich mit leichtem Grausen, aber dass meine linke, die weibliche Seite im Dornröschenschlaf sein soll, lässt mich über meine Krankheiten nachdenken. Der Verschluss der Subclavia hatte vorm Bypass streckenweise den Pulsschlag im linken Arm komplett zum Erliegen gebracht. Robert Betz erklärt es in einem seiner Vorträge so: »Wenn du dein Herz verschließt, wird es eng, und dann kommen da die Stents und die Bypässe. Enge hängt mit Angst zusammen.« Und Angst erzeugt Druck.

Das erkrankte Auge ist das linke. Der linke Oberschenkel ist seit der Entnahme der Vene für den Bypass streckenweise gefühllos. Das alles hatte Sabrina nicht gewusst, nicht wissen können.

ALLES HÄNGT ZUSAMMEN

Krankheit – Helfenwollen – Familie

Verdammt, natürlich! Deswegen wollten die Kinder, die meine Eltern waren, in den Meditationen nicht mit der kleinen Else spielen! Sie kennen die kleine Else gar nicht. Ich war nie eine kleine Else. Es gibt keine kleine Else. Es gibt nur eine kleine Sabine, die ich ausgelöscht habe, damals,

als ich Else geworden bin. Ich stelle mir vor, wie diese kleine Sabine durch Zwischenwelten irrlichtert, nicht nur durch einen Namen, sondern durch einen radikalen Persönlichkeitswechsel von ihrem erwachsenen Ich getrennt.

Deswegen hat auch die Meditation nie funktioniert. Ich wiederhole die Meditation und tausche die kleine Else mit der kleinen Sabine aus. Es funktioniert. Die Kinder, die meine Eltern waren, nehmen die kleine Sabine, die ich einmal war, an den Händen, laufen barfuß zu dritt über eine Wiese, ich höre von Weitem ihr Lachen. Das Bild ist überwältigend und prägt sich mir stark ein.

Ich befolge Sabrinas Rat und nehme meine Kindheitspuppe mit ins Bett. Ich pinne ein Foto »der kleinen Sabine«, die damals nicht satt werden konnte, an meine Schlafzimmerwand.

Seit einigen Monaten bin ich Mitglied bei nebenan.de, einem Nachbarschaftsnetzwerk. Durch die Nachrichten, die mich täglich von dort erreichen, bin ich einem ständigen Helferimpuls ausgesetzt. Das trainiert ungemein. Wo ist der Impuls am stärksten? Ich bin fest entschlossen zu widerstehen. Am Anfang klappt es. Will ich mein Fahrrad verleihen oder verschenken? Nein. Möchte ich in einem multikulturellen Chor mitsingen? Nein. Eine Matratze verleihen? Nein. Auf eine Katze aufpassen? Nein. Will ich einen Riesenkaktus geschenkt haben? Nein.

Bis die Anfrage kommt, bei der ich schwach werde. Ein Familienvater aus Syrien bittet um kostenlosen Deutschnachhilfeunterricht für seine Tochter. Nur Sekunden nachdem ich seinen Aufruf erhalten habe, biete ich mich an.

Noch am selben Tag besuche ich die Familie und lerne die fünfzehnjährige Shaimaa kennen. Von da an kommt sie jede Woche zweimal zu mir nach Hause, und wir lernen und lachen zusammen. Inzwischen ist sie sechzehn, ein Teenager mit roten Fingernägeln, Wallewallemähne und viel Gekicher. Eines Tages brachte sie Lilas mit, eine Freundin, siebzehn, aus Damaskus. Und Lilas brachte eines Tages Ebtisam mit, ihre neunzehnjährige Schwester. Nun habe ich drei Deutschschülerinnen, mit denen ich auch manchmal ins Kino gehe. Erst neulich haben sie mich in eine Art Halal-McDonald's eingeladen, um sich dafür zu revanchieren. Es fiel mir schwer, die Einladung anzunehmen, weil ich weiß, wie wenig Geld die Mädchen haben. Aber es war wichtig für sie zu geben. Und es war wichtig für mich, annehmen zu können.

Offenbar muss ich in meinem direkten Umfeld, in dem ich Einfluss nehmen kann, etwas Gutes, etwas Unentgeltliches, machen, um mich »komplett« zu fühlen. So viel habe ich in den letzten Jahrzehnten über mich gelernt. Aber abgesehen davon, dass in der Sekunde der Entscheidung sicher hochkomplexe Vorgänge ablaufen, ob man hilft oder nicht, scheine ich einige blinde Flecken auf meiner Helferseele zu haben.

Mich zieht es nicht in den Tierschutz, nicht in die Kinderkrebsklinik, ich verspüre nicht den Wunsch, mich für den Erhalt von Regenwald und Ozonschicht zu engagieren, mich vor Botschaften tyrannischer Staaten anzuketten oder zivile Seenotretterin zu werden, aber wenn ich mit bestimmten Themen konfrontiert bin, mit Misshandlung, mit Bildungsdefiziten, mit in Familienstrukturen gefangenen Frauen, dann springt meine innere Hilfsmaschinerie sofort an. Geht es um Alter, Verrücktheit, Krankheit, Tod, um Armut, um akute Not, dann fühle ich mich persönlich in der Pflicht. Kann man denn innerhalb eines Helfersyndroms ein »Spezialgebiet« haben, das auf geheimnisvolle Art biografisch angelegt ist?

KNOLLS JUNGE

Biografisch angelegte Helferspezialgebiete?

Schon als kleines Kind habe ich alles, worauf jemand zeigte, weggeschenkt. Mein erster Fotoapparat, mein neuer Burattino – hier haste! Das ist bis heute so geblieben. Erst neulich habe ich dem Bekannten einer Freundin, der auf meinem Balkon meinen Liegestuhl lobte, diesen gleich mit nach Hause gegeben. Dabei mochte ich meinen Liegestuhl. Es ist, als fühle ich mich persönlich dazu berufen, gewisse Dinge in der Welt umzuverteilen. Da steckt ein kleiner Robin Hood in mir, aber wie kam er da rein?

Gerechtigkeit war jedenfalls schon immer mein großes Thema. Die habe ich notfalls mit den Fäusten erstritten. Mein Großvater väterlicherseits nannte mich »Knolls Junge«. Auf einem Passbild der ersten Klasse bin ich mit sportlichem Kurzhaarschnitt, geschwollener Lippe und schief geknöpftem

Pullover zu sehen. Ich zettelte oft Prügeleien mit Jungs an, auch wenn sie größer und stärker waren. Hauptsache, ich konnte Schwächere beschützen. Das war mein Ding.

Meine Eltern und ich zogen 1977 nach Leipzig, in einen Plattenbau.

In die Pubertät kam ich relativ spät. Mit sechzehn änderte ich meinen Vornamen in Else. Die Fotos, die es von mir als Siebzehnjährige gibt, zeigen mich als eine Mischung aus New-Wave-Mädchen und Punk. Mit achtzehn wurde ich schwerkrank, verpasste ein halbes Schuljahr und verließ das Gymnasium mit einem »Notabitur«.

Ich trieb mich in Theaterkneipen herum, schlief mit Rockmusikern und Mannequins, fiel durch Schauspielprüfungen und begann, irgendwas Langweiliges zu studieren. Als ich mit neunzehn heiratete, war auch der Nachname weg. Die Metamorphose war abgeschlossen. Ich hatte mir das Sächseln abgewöhnt, Kleidungsstil und Frisur verändert und mich in eine andere Person verwandelt, die mit Sabine Knoll aus Eilenburg in Sachsen nicht mehr verwechselt werden wollte. 1986 wurde unsere Tochter geboren. In der Unterstützung meines Medizin studierenden Mannes, in meiner Aufgabe als (Löwen-)Mutter und mit dem Verdienen des Lebensunterhalts für meine kleine Familie rieb ich mich vollkommen auf. Meine eigenen Bedürfnisse waren gar nicht mehr da, ich hab sie nicht gefühlt.

Nach der Wende trennte ich mich und zog mit meiner Tochter in den Westteil der Stadt. Ich begann als Journalistin zu arbeiten und konnte mein Kind oft nicht vom Kindergarten abholen. Mein Exmann sprang immer öfter ein, schließlich überließ ich ihm das Sorgerecht.

Im Leben meiner Tochter hatte ich ab diesem Zeitpunkt die Präsenz, die sonst getrennt lebende Väter haben. Wochenenden, halbe Ferien, Anwesenheit zu Ostern und Weihnachten. Beruflich ging es steil bergauf, ich zog oft um, ab 1991 habe ich in Berlin, Hamburg, Köln, München, New York und Leipzig gelebt und gearbeitet. Ich habe fünf Romane und mehrere andere Bücher geschrieben, diverse Sendungen im Fernsehen moderiert, war Kolumnistin und Essayistin.

Mein ehrenamtliches Engagement begann nach dem 11. September 2001, den ich in New York erlebte und der meine Prämissen im Leben verändert hat. Seitdem habe ich mich hauptsächlich für Obdachlose, Sterbende, Demente und Flüchtlinge engagiert. Mein letzter Ehemann saß bereits seit mehr als dreißig Jahren im Rollstuhl, als ich ihn kennenlernte. Wir waren acht Jahre zusammen. Er hat sich im Oktober 2014 erschossen.

GHETTOFAUST

An der Front und im Moment

Mein Abschlusszeugnis als ehrenamtliche Demenzbegleiterin hab ich in der Tasche. Jetzt will ich mir ein festes Ehrenamt suchen. Nur noch Kranksein geht jedenfalls nicht. Ich brauche einen Ausgleich dazu, etwas Vitales, weniger Vergebliches als den Umgang mit Alten, mit Sterbenden und Dementen. Mit der Sprachschule in meiner Straße habe ich in den letzten Jahren mehrfach über einen Kurs für »Kreatives Schreiben« nachgedacht. Aber dafür wäre Regelmäßigkeit wichtig. Die kann ich in meiner Lage nicht garantieren. Nehme ich wieder Geflüchtete auf? Nein. Die Plexiglastür, die ich als Ersatz für Özlems weggezauberte Sicherheitsglastür hab anfertigen lassen, ist bei erster Benutzung aus der Schiene gesprungen und erinnert mich wie ein bockbeiniges Fohlen daran, dass ich niemandem mehr 24/7-Zuständigkeit vorgaukeln will. Ich kann das schlichtweg nicht leisten. Bleibt die Bahnhofsmission, wo ich mich schon vor über einem Jahr angemeldet habe.

Spontan gehe ich dort vorbei, um ein Vorgespräch zu führen, und gerate mitten in die adventsgeschmückte Essensausgabe. Männer und Frauen mit formlosen blauen Westen stehen an der Tür, hinter der Theke, vor der Kleiderkammer oder reichen den Obdachlosen beim Herausgehen Adventskalender.

Die Koordinatorin für Ehrenamtliche ist noch im Gespräch, ich sitze auf einem Stuhl an der Tür, wo drei Freiwillige das Gedränge verwalten, und nehme die Stimmung auf. Es ist – verglichen etwa mit einer leicht dementen Rentnerin, die ich für die Malteser einmal die Woche zu Hause besuchen würde – eine gewaltige, vitale, olfaktorisch herausfordernde, testosteronstrotzende Menge an Mensch.

Die Koordinatorin hat nun Zeit für mich. Sie ist ungefähr in meinem Alter, ehemalige Volkswirtin, hat als Freiwillige angefangen und arbeitet seit fünf Jahren hauptberuflich hier. Eine Durchgreiferin, eine Frau der klaren Worte. Sie nennt mir Zahlen und Fakten, befragt mich zu Vorgeschichte und Intentionen. Ich sage, ich wünsche mir die Obdachlosen, weil deren Schicksale im Gegensatz zu denen der Sterbenden umkehrbar seien. Sie lächelt sibyllinisch. Ich solle meine Hoffnungen da nicht zu hoch hängen. Wir vereinbaren drei Probedienste. Sie hat kein Problem mit meinem Augenhandicap. Ich schon.

Das nun-nichts-mehr-sehen-könnende Auge war zu allem Überfluss mein »Führungsauge« gewesen. Dieses Auge war mein Fenster zur Welt, das rechte ist sehfaul und hat sich, bis das linke sich verabschiedete, weitgehend ausgeruht. Jetzt muss es ran. Wenn ich die umtrainierte Linkshänderin dazurechne, die lahmgelegte weibliche Seite, die Sabrina ausgekundschaftet hat, die Mutter, die ich nicht genommen habe, und die kleine Sabine, die nicht satt geworden ist, dann muss bei mir ja einiges im Argen liegen.

Mein erster Probedienst in der Bahnhofsmission hat eine Ereigniswucht und Handlungsdichte, die mich an meinen Kalkutta-Einsatz vierzehn Jahre vorher erinnert. Eine Arschbombe ins kalte Wasser, so wie ich es liebe. Hier wird sich nicht sanft herangetastet wie in der Demenzbegleitung. Hier wird nicht lieb am Bettrand gesessen wie in der Hospizbegleitung. Hier wird weder validiert noch gespiegelt noch gesungen.

Hier geht es von null auf hundert. Ärmel hochkrempeln und »Hossa«, wie Dieter Puhl, der Chef der Bahnhofsmission, sagen würde. Punkt vierzehn Uhr, wenn wir alle hinterm Tresen stehen (ich, die Neue, an den Getränken =

Liebe auf den ersten Blick), wird der Daumen Richtung Tür hochgehalten. Und los geht es. Bepackte Menschen betreten den Raum und streben magnetisch auf belegte Brote zu. Diese Menschen warten. Sie warten auf die Marken, die sie dazu berechtigen, hier ihr Essen einzunehmen, sie warten mit den Marken auf den Einlass, sie warten nun in der Schlange auf das Essen.

Max Horkheimer schrieb 1934 in seinem Text »Dämmerung«: »*Im genauen Verhältnis zur sozialen Hierarchie steht das Wartenmüssen. Je weiter oben einer ist, umso weniger muss er warten. Der Arme wartet vor dem Fabrikbüro, auf dem Amt, beim Arzt, auf dem Bahnsteig. Er fährt auch mit dem langsameren Zug. Eine Verschärfung des Wartens ist es, wenn man dabei stehen muss; die letzte Wagenklasse in den Zügen ist gewöhnlich überfüllt, und viele stehen darin. Arbeitslose warten den ganzen Tag.*«

Die meisten der »Gäste« – so das Wording hier – sind höflich und bestimmt. Sie wissen genau, was sie wollen und wie sie es wollen. Sieben Stück Zucker. Halb Kaffee, halb Milch. Aber bloß keine Sojamilch. Dreimal Süßstoff. Der Tee ist zu kalt. Nicht die gelbe Tasse, eine weiße. Nicht die breite, eine schmale. Nicht die kleine, eine große. In den Pappbecher, in die Thermoskanne, nur Milch.

Manche wollen plaudern und scherzen, andere sprechen kein Deutsch, manche sind in finstere psychotische Selbstgespräche vertieft, andere pöbeln. Der Ehrenamtliche, der hier Dankbarkeit erwartet, nur weil er sich seine Freizeit um die Ohren schlägt, der Ehrenamtliche, der Beleidigungen persönlich nimmt, ist entweder neu oder fehl am Platz.

Ein Gast schließt gleich Freundschaft mit mir, Bolle. »Hey, Else«, ruft er, als er mein Namensschild gelesen hat, und wir begrüßen uns mit einem von ihm angeregten Zusammenstoß der Fingerknöchel, den er »Ghettofaust« nennt.

»Das geht ja schnell bei dir«, sagt die Kollegin, die das Essen ausgibt. Obwohl mich der Job schlaucht – an das vom Augenarzt dringend empfohlene stündliche Applizieren von Augentropfen ist zum Beispiel nicht zu denken –, ist er gleichzeitig ein großer Energielieferant. Nach Feierabend versuche ich herauszufinden warum: Ich fühle mich gebraucht. Ich fühle mich angenommen. Ich kann den Job gut machen, obwohl ich nicht gesund bin. Aber das alles ist es nicht, es ist etwas anderes. Einmal, viele Jahre zuvor, habe ich Amma begleitet, eine Fischerstochter aus Südindien, die berühmt wurde, weil sich hartnäckig das Gerücht hält, dass sie Menschen glücklich macht, indem sie sie umarmt. Tausende von Umarmungen absolvierte Amma täglich in ihren Darshans. Am Abend dieser Tage stand sie auf, zerzaust und fleckig von Tränen und Schminke der anderen, lockerte ihre Glieder und lief lächelnd nach Hause zu ihren Elefanten, die sie kichernd mit Pralinen fütterte, anstatt sich, wie man es vermuten würde, die Bandscheiben zu halten. Sie wirkte überhaupt nicht erschöpft. Ich musste einige Zeit darüber nachdenken, woher, wenn nicht von höherer Quelle, sie ihre Energie bezog, bis mir aufging, dass sie sie von uns bekam, von den Menschen, die sie umarmte. Ich stelle mir das vor wie eine Art ekstatische energetische Umverteilung.

Ähnliches erlebe ich in der Bahnhofsmission. Und auch

hier lerne ich wieder. Von den Dementen habe ich das Zeitreisen gelernt, denn außerhalb von Linearität der Zeit gibt es die Mutter, die mit dem Essen wartet und gleichzeitig tot ist. Von den rauhen Gesellen, die sich in der Bahnhofsmission stärken, lerne ich, im Moment zu sein. »Ich – Hunger! oder »Ich – sauer!« oder »Ich – Klo!« Sie haben JETZT Bedürfnisse, die wir JETZT erfüllen können. Und die Möglichkeit, diese Bedürfnisse erfüllen zu können, macht uns glücklich. In die Sprache von Marshall Rosenberg übersetzt, hieße das, wenn die Obdachlosen Wölfe und die Freiwilligen Giraffen wären:

»Liebst du mich?«

»Wann?«

»Jetzt!«

»Ja!«

Die Spätschicht in der Bahnhofsmission geht von dreizehn Uhr dreißig bis achtzehn Uhr, drei Runden, in denen Gäste eingelassen werden, essen und trinken können, wieder hinausgehen, dann Feierabend. Ich werde in den folgenden Wochen noch die Frühschicht und die Nachtschicht probieren, werde Schlafsäcke sortieren, Stullen schmieren, Brot schneiden, ausfegen und morgens Frühstück aus dem Fenster ausgeben, aber die Spätschicht und ich – das passt. Zügig durchknüppeln, direkt an der Front. Das schlaucht – aber das gute Schlauchen! Schon bald gehörte ich fest zum Sonntagsteam. Das ist auch genau die Dosis Kollektiv, die eine sich sonst zur Einsamkeit verdammende Schriftstellerin aushält.

BRUTPFLEGETRIEB

Wer genau erweckt meinen Helferappetit?

Auch ich bin hungrig, und zwar nicht nur nach Anerkennung und Glücksmomenten. Ab siebzehn Uhr dreißig hungere ich auch, während ich Tee und Kaffee in Tassen einfülle, meinen abendlichen Augentropfen entgegen, der Hauptration des Tages. Ungefähr um diese Uhrzeit gibt es einmal ein Gerangel. Ein Gast schubst einen anderen. Schimpft auf den anderen ein: »Wasch dich mal, du stinkst!« Ich frage, was los ist.

»Der ist gar nicht blind, der tut nur so«, sagt ein Mann und zeigt auf Herrn Kanter. Herrn Kanter kennen wir alle. Wenn er an die Kaffeeausgabe tritt, immer im selben Pullover, nehme der dort arbeitende Freiwillige einen Plastikbecher aus dem Fach, fülle ihn mit schwarzem Kaffee, stelle ihn oben auf den Kaffeekessel und lasse los. So wurden wir belehrt. Dann Herrn Kanter Bescheid sagen. Er tastet nach dem Kaffeebecher, schnappt ihn von oben mit Greifhand und bewegt sich, den Becher ausbalancierend, mit kleinen schiebenden Trippelschritten auf einen der Tische zu.

Und der soll nicht blind sein? »Er hat keinen Behindertenausweis und keinen Blindenstock«, sagt der Stänkerer. »Außerdem hat er mich neulich gehauen und geschubst.«

»Ich hab ihn Zeitung lesen gesehen«, ruft ein anderer.

Als Herr Kanter sich Nachschub holt, frage ich ihn. Er

winkt ab. Die Geschichte sei ganz anders gewesen. Es stellt sich heraus, dass der Mann an beiden Augen degenerierte Hornhäute hat, so wie ich an einem. Damit kriegt er mich. Nicht dass er mich kriegen wollte. Mir fällt nur auf, was mir an anderer Stelle andersherum aufgefallen ist: Mit der Gemeinsamkeit durchdringt Kanter meine professionelle Hülle. Ob er denn nicht operiert werden könne? Er sei nicht versichert. Warum er nicht versichert sei? Er wühlt in seiner Tüte und hält mir einen Arztbrief unter die Nase. Den soll ich ihm vorlesen. »Ich kann Ihnen jetzt nichts vorlesen«, sage ich. »Ich muss Getränke ausgeben. Warten Sie um achtzehn Uhr an der Tür, da hab ich Feierabend. Wir suchen uns ein Plätzchen, und ich lese Ihnen den Brief vor.«

So kommt es, dass Herr Kanter und ich nach Feierabend unten in der U-Bahn-Station auf einer Bank sitzen, eine Stunde lang, und er mir sein Leid klagt. Der Brief erweist sich als zweitrangig, er scheint ihn auch bereits auswendig zu kennen, denn er korrigiert mich dort, wo ich mich verlese.

Es ist gleich neunzehn Uhr. In meinem Schädel, genauer: in meiner linken Augenhöhle, wird langsam ein Ballon aufgeblasen, der Augendruck steigt, ein leichtes Schwindelgefühl setzt ein. Nach außen hin agiere ich normal und lasse mir nichts anmerken. Immerhin geht es Herrn Kanter viel schlechter als mir. Gleichzeitig steigt in mir die Angst auf. Als Teenager hatte ich einen Glaukomanfall. Das fühlte sich an, als würde mein Auge wie eine Kanonenkugel aus meinem Kopf geschossen.

Ich will das nie wieder erleben. Und ich will mich bitte

auch niemals durch Berlin tasten müssen wie dieser wohl-artikuliert sprechende, mich am Ärmel festhaltende, seit Monaten, wenn nicht Jahren ungewaschene Mann.

U-Bahn nach U-Bahn fährt weg, ohne dass ich einsteigen könnte. Es ist kein aus dem Nest gefallener flaumiger Vogel, der mein Mitgefühl erheischt, kein niedliches Kind mit Kulleraugen und langen Wimpern. Es ist ein blinder alter Zausel, den ich schließlich vertrösten kann. Ich verabschiede mich mit den Worten, ich wolle schauen, was ich für ihn tun könne.

Endlich zu Hause, greife ich nach dem Tropfgeschirr. Ich darf nicht alle Tropfen auf einmal nehmen, sonst waschen sie sich gegenseitig aus. Ich muss dazwischen einen Zehn-minutenabstand einhalten. Ohne das Täschchen verlasse ich nicht das Land, nicht die Stadt, und ab sofort nicht mal mehr das Haus.

Zuerst kommen die mit dem grünen Mützchen, die darf ich nur abends nehmen. Ein Nebeneffekt: absurdes Wimpernwachstum. Meine hinterlassen inzwischen innen an der Brille fettige Krallenspuren. »Die meisten meiner Patientinnen mögen das«, sagt mein Augenarzt. Ja, aber doch nicht nur an einem Auge!

An zweiter Stelle kommen die Betablockertropfen, die meinen Pulsschlag verlangsamen. Wenn die wirken, kann ich sofort spüren, wie die Spannung der Entspannung weicht. Herrlich! Glück, Schweben und leichte Scheiß-egalität.

Dann weitere drucksenkende Tropfen, die milchig sind, weswegen mir oft geronnene weiße Klümpchen im Augenwinkel hängen.

Dann kommen die mit dem rosa Mützchen, sie bekämpfen die Entzündung, aber heben blöderweise den Augeninnendruck wieder an. Für immer wieder zwischendurch ist da noch eine Kochsalzlösung zur Entquellung der Hornhaut, saumäßig brennend. Zum Abschluss und auch überhaupt stündlich künstliche Tränenflüssigkeit.

Tags drauf in der Charité laufe ich dem Professor in die Arme, der mich zerstreut nickend grüßt, aber nicht zuordnen kann, nicht erkennt, deswegen kann ich ihn auch nicht fragen, ob er so freundlich wäre, sich Herrn Kanter mal anzuschauen, der keine Krankenversicherung hat. Ist vielleicht auch besser so. Und überhaupt, wie komme ich denn dazu? Mir soll der Professor helfen! Wie kann es sein, dass er mich nicht erkennt? Er ist mein behandelnder Arzt gewesen ein intensives Jahr lang. Er war es, der mich bei der Punktion der vorderen Augenkammer ins Auge gestochen und genervt ausgerufen hat: »So hören Sie doch auf zu zittern!«

Mein Oberarzt operiert noch. Ich muss warten. Er kommt zwei Stunden später, als ich schon fast aufgeben wollte, wie immer geräuschlos, mit grüner OP-Mütze und unendlich sanft. Er untersucht mich und terminiert einen drucksenkenden Eingriff, der Ziliarkörper, der für den Augendruck zuständig ist, wird dabei mit einem Laserstrahl teilweise zerstört. Das sei nötig, um Voraussetzungen für die Hornhauttransplantation zu schaffen, mit Medikamenten würden wir das wohl nicht mehr hinkriegen. Der Oberarzt beschreibt sowohl den Eingriff als auch die Folgen als schmerzhaft, weswegen ich für die Prozedur zwei Nächte im Krankenhaus bleiben soll. Schon wieder

Krankenhaus! Soll ich mein Auge etwa jetzt wie eine zerbrechliche Weihnachtsbaumkugel durch meinen Lebensrest bewegen? Abends starre ich in den Spiegel und muss an einen Stoßseufzer aus dem Tempel denken: »Ich glaube, mein Chi ist alle!«

Ob mein Chi alle ist? Ich hab's mit vollen Händen raushauen. Ich darf jetzt nicht in Selbstmitleid versinken, das Helfen hilft mir dabei.

ÖLGUSS

und Adolf-Hitler-Platz

Über Weihnachten 2017 miete ich eine Schreibhütte in einem polnischen Wellnesshotel. Dort unterziehe ich mich einem straffen Körperertüchtigungsprogramm: Sport, Gymnastik, Massagen, Spazierengehen – das Gegenteil von allem, für das Weihnachten bei uns steht. Jeden Nachmittag von dreizehn bis zwanzig Uhr wird geschrieben. Bei einem Ölguss mit Zimbelschrumschrum habe ich die Ayurveda-Therapeutin Nila kennengelernt. Sie ist eine gläubige Hindufrau aus Kerala und arbeitet seit drei Jahren hier. Ehemann und ihre Tochter sind in Indien geblieben. Sie vermisst ihre Tochter, sagt die Fünfunddreißigjährige, sehr, sehr, sehr, aber nicht ihren Mann. Mit ihm habe sie nichts mehr im Sinn. Das habe sich erledigt.

Es sei eine arrangierte Ehe gewesen, aus der nur dieses Jobangebot in Polen sie rettete. Ihr Mann sei faul und säße immer nur vor der Glotze. Nichts los mit ihm. Nila nahm den Job an, um ihre Familie zu ernähren. Natürlich will ich sie sofort retten. Ich merke richtig, wie ich anspringe, wie es klickt, versuche aber, den Impuls zu kontrollieren.

Was genau wirkt da? Bei Herrn Kanter ist es die Augenkrankheit, bei den Dementen sind es Väter, sind es Mütter anderer, die mich mehr zu brauchen scheinen als meine eigenen. Bei Nila ist es die unerreichbare Tochter, die sie ist und die sie hat – je aufmerksamer ich hinschaue, desto deutlicher sehe ich einen Aspekt, der sich wie ein Pflaster über einen meiner wunden Punkte legen will. So jedenfalls kommt es mir vor.

Noch nachts kaufe ich im Internet für Nila, die gern zu lesen behauptet, im Internet drei Bücher in ihrer kringeligen Heimatsprache, Malayalam: Kafka, Rilke, Goethe. So kann sie im fremden Polen zwischen fremden Deutschen im Bündnis mit ihrer Heimatsprache sein.

Dann nehme ich Stift und Papier und schreibe ihr einen überschwänglichen Brief auf Englisch. Dass ich ihr helfen wolle, einen Job zu finden, ein Zuhause zu finden. Dass ich ihr helfen wolle, ihre Tochter zu sich zu holen. Dass ich ihr helfen wolle, die Scheidung zu vollziehen. Dass sie mich Tag und Nacht anrufen könne. Dass sie mich besuchen solle im Januar. Dazu meine Visitenkarte und einen Hunderteuroschein.

Nach einer Stunde im Whirlpool mit Kopfkarussell ziehe ich den Brief wieder aus dem Kuvert. Um Himmels willen! Was hab ich da geschrieben? Bin ich von Sinnen? Gut, dass ich den noch nicht Nila gegeben habe. Ich muss Großteile des Überschwangs entfernen.

Ich setze einen neuen Brief auf, mit deutlich schwammigerem Zuspruch. Ich könne nichts versprechen. Sie solle mich Mitte Januar in Berlin besuchen. Dort würden wir weitersehen. Eine Visitenkarte lege ich dazu, allerdings nicht die mit dem handschriftlichen Vermerk, dass sie mich »Tag und Nacht« anrufen könne. Den Hunderteuroschein tausche ich gegen einen Fünfzigeuroschein aus.

Abends sehe ich sie schon von Weitem, ihre aufrechte Haltung, ihre weiche, etwas stolpernde Art, sich in dem indischen Gewand zu bewegen, den roten Punkt zwischen ihren Augen als Zeichen, dass sie eine verheiratete Hindufrau ist. Es fällt mir schwer, sie mir in meinem unruhigen Viertel vorzustellen, zwischen Lederschwulen in Chaps, arabischen Sprachschülern und kettenrauchenden Urberlinern. Sie hat etwas Reines, Unberührtes, Puppenhaftes hier in der winterlichen polnischen Ödnis. Nach der Massage sitzen wir noch beim Tee zusammen, sie zeigt mir Fotos von ihrer Tochter, ihrem Mann, ihren Eltern, ihren Schwiegereltern, vor allem aber Fotos von sich, auf denen sie neckisch posiert. Fotos, die ihr Mann geschossen hat.

Wie anders ihre Welt ist! Wie sehr sie sich nach »unserer« zu sehnen scheint! Dennoch, so klein ihre Möglichkeiten, ihre Tochter in die jetzige Situation, nach Polen, zu holen, wo sie im Schichtdienst arbeitet und in einer winzigen Kammer mit Kolleginnen schläft, so geschützt ist sie doch hier zwischen Indonesiern, Filipinos, Thailänderinnen, Ukrainern und Russen. »They all take good care of me«, alle passen auf sie auf.

Mein Brief mit dem Fünfzigeuroschein, meiner Visitenkarte und einem Foto werden von ihr eher kommentarlos verstaut.

Es ist anzunehmen, dass sie die paar englischen Brocken, die sie spricht, nur mündlich beherrscht. Ihre Eltern, hat sie erzählt, seien Analphabeten. Ansonsten spricht sie die bei Facebook und Instagram übliche Emoji-Sprache. Ihre Nachrichten bestehen meist aus in die Betreffzeile gedrängten gefalteten Händen, Herzen, Blumen, Schmetterlingen und Smileys mit positiven Gesichtsausdrücken.

Unsere Kommunikation in den dazwischenliegenden Wochen gestaltet sich dementsprechend schwierig.

Aber kurz vor dem Wochenende, das ich ihr für einen Besuch in Aussicht gestellt hatte, ruft sie an. Sie habe Angst, allein nach Berlin zu reisen. Ob sie ihre Zimmernachbarin, eine balinesische Masseurin, mitbringen könne. Natürlich! Sehr selbstständig scheint sie nicht zu sein. Der Besuch von zwei jungen Frauen aus zwei verschiedenen Kulturen wird es erschweren, die eine kennenzulernen, ohne die andere zu entertainen, aber ich verstehe Nilas Bitte. Sie kennt mich ja gar nicht. Möglicherweise will ich sie an böse Männer verhökern.

Nilas Akzent geschuldet, bin ich eine Stunde zu früh am Bahnhof. Als die beiden jungen Frauen schließlich ankommen, breitet Berlin nicht etwa freundlich seine Arme aus und heißt sie willkommen. Fieser Schneeregen peitscht uns in die Gesichter, in der S-Bahn wird ein Schwarzfahrer festgenommen, der minutenlang schreit, als ob man ihn abschlachten wollte, und schließlich brüllend und um sich schlagend von zwei Kontrolleuren aus dem Abteil auf den Bahnsteig gezerrt wird, wo er sich auf den Boden wirft und zappelt wie ein Fisch auf dem Trockenen.

»Sowas passiert sonst nie«, höre ich mich zu meinen verschreckt unter ihren Anorakkapuzen vorlugenden Gästen sagen. Was ja so auch wiederum nicht stimmt.

Eine Stunde später sind wir zu Hause, und ich höre Nila und … ich will ihre fünfundzwanzigjährige Begleiterin, die in meiner Gegenwart konturlos bleibt und mit unfrohem Gesichtsausdruck wortlos mitlatscht, der Einfachheit halber Bali nennen … nebenan in der Gästewohnung kichern. Dadurch, dass sie zu zweit sind, fühle ich mich wie eine instrumentalisierte Older Lady, die für zwei Touristinnen die Spendierhosen angezogen hat. Wenig später machen wir uns einen Tee und einen Plan.

Seit Nila angekommen ist, hat sie schon einige abfällige Bemerkungen über Flüchtlinge gemacht. Vielleicht hat sie das in ihrer polnischen Wellnessbutze aufgeschnappt. Ein philippinischer Masseur hatte mir erzählt, wie es ihm dort mit seiner polnischen Freundin und ihrem gemeinsamen Kind erging. Die Schilderungen der sozialen Ächtung machten es mir schwer, polnische Fremdenfeindlichkeit nicht zu generalisieren. Erst eine Woche zuvor hatte ein polnischer Handwerker über meine Nachbarn fröhlich als »Schwullikowskis« gesprochen und war überaus erstaunt gewesen, als ich ihm erklärte, dass das nicht so heiße. Wir beschließen, erst mal gen Brandenburger Tor zu fahren, und sitzen bereits im vollen Linienbus, als ich eine harmlose Frage stelle: »Was wollt ihr zuerst sehen?«

Und Nila antwortet wie aus der Pistole geschossen: »Den Adolf-Hitler-Platz!«

Möglicherweise geht rückwirkend meine Fantasie mit mir durch, aber im Bus wird es mucksmäuschenstill. Er scheint mitten in der Fahrt stehenzubleiben, als würde jemand die Pausetaste drücken, und viele ovale zu Munch-Schreien verzerrte Gesichter drehen sich in Zeitlupe zu uns hin.

Ich erinnere mich mit Schrecken an meine erste Indienreise 2004. Dort lag *Mein Kampf* an jeder Ecke zwischen Krishna-, Shiva- und Ganesha-Figuren auf Decken am Straßenrand zum Verkauf.

»Den was?«

»Den Adolf-Hitler-Platz!«

Nila hat ein Buch über Deutschland gelesen, und sie kennt sich aus. Sagt sie. Es gibt in Berlin einen Adolf-Hitler-Platz, dort will sie hingehen, und ich soll dort ein Foto von ihr machen, für Facebook. Sie kann den Platz so gut beschreiben, dass mir nach und nach dämmert, was sie meinen könnte. Das Holocaust-Mahnmal. Das Wort »Holocaust« hat Nila noch nie gehört, aber als ich sie ins Verhör nehme, scheint sie zu wissen, was es beschreibt. »Six Millenien«, wiederholt sie mehrfach.

Als ich Nila, Bali und gefühlten fünf Dutzend weiteren Interessenten, während mir abwechselnd heiß und kalt wird, im Linienbus einen kurzen Abriss der jüngsten deutschen Geschichte gebe, muss ich an die SMS von Sister Tikka denken: »Try to think about growing with the holocaust as personal history not as a german but as a jew.«

Bei aller Empathie, das ist mir unmöglich, aber in diesem Moment, im Linienbus, macht es mir gerade mein Deutschsein schwer, sachlich zu bleiben. Ich ereifere mich, ich schäme mich, ich werde laut. Was genau ist mein Problem? Warum bringt mich schon die Tatsache, dass jemand im Linienbus fröhlich »Adolf Hitler« kräht, an meine Grenzen? Ich bin doch sonst nicht so verklemmt. Mein pädagogisches Geruder, mein Beschwichtigen, mein Berichtigen, mein Opfer-Täter-Gefasel ficht Nila nicht an. Ihre Logik schlägt dem Fass den Boden aus: »Aber warum heißt es denn nicht Adolf-Hitler-Platz? Er hat es doch gemacht.«

Help me, Rhonda!

Zwanzig Minuten später lugt Nila lächelnd durch die Stelen. Dabei nimmt sie immer dieselbe liebe brave Ehefrauen-auf-Reisen-Pose ein. Ich soll sie im Querformat, im Hochformat, von nah und fern fotografieren und kann nur mit Mühe verhindern, dass sie das Foto auf ihrem Facebook-Account mit der Information »Adolf-Hitler-Platz« markiert.

Abends tobt Friederike, ein scheußlicher Sturm, und die Aussicht auf einen weiteren Tag mit den beiden erlebnishungrigen Besucherinnen trübt meine Laune. Vielleicht weil der erste Tag mit ihnen irre anstrengend und irre teuer zugleich war. Vielleicht weil ich enttäuscht bin von ihrer Oberflächlichkeit und Gier, vor allem aber von ihrem klirrenden Desinteresse an mir als Person. Vielleicht weil mir da was entglitten ist. Ursprünglich hatte ich Nila mit meinen Lebensumständen vertraut machen wollen, und ich weiß auch nicht, wie es hatte geschehen können, dass ich plötzlich eine auswechselbare reiche Tante mit fettem Entertainmentprogramm war.

Ich hatte zwischenzeitlich versucht, für Nila ein Vorstellungsgespräch im »Vabali«, Berlins Wellness-Tempel Nr. 1, zu ergattern, und die Rückmeldung bekommen, eine Inderin ohne Deutschkenntnisse würde gar nicht erst eingeladen werden. Wie sollte ich sie zu mir holen ohne Job, ohne Papiere, und wohin mit dem zehnjährigen indischen Kind?

Am nächsten Tag schleppe ich die beiden bei maximaler Bewölkung und also beschissener Aussicht auf den Fernsehturm, wo sie nur in ihren Smartphones herumdaddeln. Zu allem Überfluss wird in dem Moment, als man das megateure vegetarische Essen aufträgt, mit dem die Fernsehturmbetreiber nicht nur Touristen, sondern vor allem deren Gastgeber ausbeuten, per Skype ein schlechtgelaunter Inder zugeschaltet, dem Nila Luftküsse zuwirft und der sich als ihr Ehemann herausstellt. Während ich also weiterlächele und bezahle und wir drei uns schließlich, durchgefroren und müde, in ein Kino retten, wo Bali einschläft und Nila weiter mit dem Smartphone herumklimpert, verabschiedet sich Nilas und meine gemeinsame Zukunft, die ich mir doch in leuchtenden indischen Farben ausgemalt hatte. Sie als fußglöckchenklingelnde Ayurveda-Exotin im »Vabali«, die Tochter mit grünem Ranzen und dicken schwarzen Zöpfen auf dem Weg in die internationale Schule in Berlin, Mutter und Tochter lernen unter meiner Fuchtel Deutsch, haben Zugang zu Bildung, Kunst und Kultur, und eines Tages würde das Mädchen in ihre Heimat zurückkehren und dort helfen, die Gesellschaft von Kastendenken, Küchenunfällen und notgeilen Kerlen zu befreien.

Das war, was ich sehen wollte. Was ich nun sah, war: Nila hat, als sie den Job in Polen annahm, sich auf ein Abenteuer eingelassen, um der hinduistischen Strenge des Elternhauses und der Eintönigkeit ihrer Ehe zu entkommen. In der Wellnessbutze ist sie eine Art exotischer Vogel. Es gefällt ihr da, das Nachholenwollen der Tochter ist eine Art folkloristisches Begleitgeräusch. Sie vermisst sie sicher wirklich, weiß das Kind aber gleichzeitig in einem festen Familienverbund, bestehend aus Großeltern väter- und mütterlicherseits, Tanten und Onkeln, Schulfreunden etc. Wenn Nila einmal im Jahr nach Indien fährt, wird sie in ihrer Heimatstadt wie ein Popstar gefeiert und bringt Geschenke aus Europa mit.

Nila hatte gemerkt, dass sie durch ihre Tausendundeine-Nacht-Erscheinung, gepaart mit Melancholie und Sandelholzgeruch, bei ihren Kunden eine Saite zum Klingen brachte. Ein Trinkgeld hätte es auch getan. Aber ich wollte meine Rettungsgeschichte wie Gott nach meinem Bilde bauen, wollte das menschliche Zubehör in die Kulisse meiner Weltrettung stellen. Bis hin zur Ranzenfarbe hatte ich Nilas Tochter visualisiert, und die Enttäuschung darüber, dass die von mir in Handverlesung ausgesuchten Figuren sich sträubten, nach meinen Designvorschlägen im Legoland meiner Allmachtsfantasie zu wohnen, hatte mich das Spielzeug zurück ins Regal legen lassen, schon allein deswegen, damit nicht in naher Zukunft auch der unfreundliche indische Ehemann whatsappend auf meinem Gästesofa sitzen würde. Ich ließ für Nila und Bali zwei hübsche Fotobücher von ihrem Berlinausflug anfertigen und schickte sie ihnen in die polnische Wellnessbutze. Nila wird immer einen Platz behalten auf dem Adolf-Hitler-Platz meiner German Angst.

FUTSCHIKATO I

Frage an Axel Foerster, Anwalt mit Schwerpunkt
Patientenverfügung: Wer drückt die Knöpfe?

EB: Wieso engagieren Sie sich auf dem Gebiet eigentlich so?

(Axel Foerster erzählt von seiner Zeit als Pfleger, speziell von einem Fall, wo die Nachtschwester von einer wimmernden und schreienden Pflegebedürftigen so überfordert war, dass sie ihr ein Taschentuch in den Mund steckte.)

EB: Aber ich komme nicht als überforderte Pflegekraft zu Ihnen, ich bin im Zweifel die mit dem Taschentuch im Mund!

AF: Wenn Sie eine ordentliche Patientenverfügung haben, dann kommt es gar nicht erst so weit.

EB: Was ist das, eine ordentliche Patientenverfügung? Ist das ein Formular aus dem Internet?

AF: Der Bundesgerichtshof sagt: Finger weg von Formularen, machense was Eigenes! Mit meiner Patientenverfügung regele ich mein Lebensende. Da muss mir als Arzt, als Pflegekraft, wenn ich die lese, Ihr persönlicher Wille entgegenspringen.

EB: Und dann sage ich meiner Tochter, erschrick nicht, du kriegst Post vom Notar, so und so. Wenn bei mir mal alles futschikato ist, dann schalt mich ab.

AF: Die Frage ist, ob die eigene Tochter die am besten geeignete Person dafür ist. Eine Tochter hat eine eingebaute Hemmung, ihrer Mutter den Saft abzudrehen. Auch dann, wenn es eine Patientenverfügung gibt. Sie müssen ihr sagen: Liebe Tochter, hier drin steht: Wenn ich einen Monat lang im Koma gelegen habe und die Ärzte sagen, da ist alles hin, bist du wirklich in der Lage, die Herz-Lungen-Maschine und die Ernährungsmaschine abzustellen? Weil, die Ärzte werden das nicht machen. Die werden sagen, da müssense raufdrücken und da müssense raufdrücken. Kannst du das?

EB: Ich denke, sie kann das.

AF: Es reicht nicht, dass Sie denken, dass sie das kann. Sie müssen ihr erklären, dass sie in einem solchen Fall selber auf die Knöpfe drücken muss. Und dann müssen Sie ihr ein, zwei Tage Bedenkzeit geben.

EB: Woher soll sie überhaupt wissen, ob das, was ich vielleicht vor zehn oder zwanzig Jahren geschrieben habe, noch gilt?

AF: Der Gesetzgeber hat immer gesagt, eine Patientenverfügung bekommt ihren tatsächlichen Inhalt im Moment, in dem sie gezogen wird. Ihre Tochter muss sich auf Basis der Patientenverfügung überlegen: Ist das, was Mutti hier festgelegt hat, immer noch gültig?

EB: Kann ich noch einen Schluck Wasser haben?

AF: Ein Schluck Wasser oder, wie wir es nennen: eine lebensverlängernde Maßnahme…

(gießt ein)

Ich trinke das Wasser und denke: Die Menschen, die ich in meinem Leben getroffen habe … einige davon sind tot … und die anderen? Sie werden alle sterben. Und ich, ich werde auch sterben. Und alle, die in dieser Sekunde in diesem Gebäude an ihren Schreibtischen sitzen, sie werden sterben. Verrückt!

In den folgenden Monaten werde ich Axel Foerster immer wieder treffen, meine Pflegeerfahrungen mobilisieren in mir den Wunsch, mein Nachleben zu planen, auch wenn kein akuter Handlungsbedarf besteht.

RÜCKSICHT UND WAS SIE MIT MIR MACHT

Eine Selbstbeobachtung

Ich wohne seit vier Jahren in Schöneberg in einem schwulen Wohnhaus mit siebzehn Parteien. Wir pflegen gute Nachbarschaft, der »harte Kern« trifft sich einmal im

Monat zu einem von mir installierten »Rieslingabend« in Hans' Kneipe. Wir lassen dann ein schwarzes Gummischwein, ursprünglich ein Hundespielzeug, rumgehen, und wer das Schwein gerade hat, lässt es grunzen und erzählt von seinem Monat. An diesem Tisch sind allein in diesem Jahr eine Hochzeit und eine Verlobung verkündet worden. An diesem Tisch wird zugehört, getröstet und wahrgenommen. Wir bereiten Straßenfeste vor, diskutieren über die politische Weltlage und besprechen hausinterne Probleme.

Manchmal werfe ich eine Frage auf. Beim letzten Treffen, angefüllt von Pflegeerfahrungen, fragte ich zum Beispiel, ob meine Nachbarn sich vorstellen könnten, in einem Pflegeheim zu arbeiten, und einer der Bewohner sei Adolf Hitler, ob sie ihm dann den Hintern abwischen würden. Von zwölf Personen gab es nur zwei Jas, eins davon war meins.

Zwei meiner Nachbarn sind sehr lärmempfindlich. Jedes Mal, wenn ich den Hof betrete und Flaschen in den Müll werfe, ist mir das gegenwärtig. Eine einzige Bemerkung, eine einzige Beschwerde, kann mich über Jahre programmieren. Einmal bin ich umgezogen, weil die Nachbarn unter mir sich davon gestört fühlten, dass einmal im Monat von achtzehn bis dreiundzwanzig Uhr bei mir die Buschheuer-Chöre probten.

Aktuell hat einer meiner Nachbarn ein nervöses Problem mit der Haustür. Er schreibt einen freundlichen, langen Brief, unterschreibt und kopiert ihn, steckt ihn in all unsere Briefkästen und pinnt ihn zur Sicherheit an die Infowand im Flur. In dem Brief erklärt er sehr detailliert,

warum ihn das Zufallen der Haustür stört, vor allem spät-
nachts. In den folgenden Tagen kann ich fast an nichts
anderes denken. Eine Woche später schreibt der Nachbar
einen weiteren Brief, in dem er sich erfreut zeigt, dass das
Türklappen nachgelassen habe.

Ich denke weiter daran, jedes Mal, wenn ich das Haus
verlasse. Nur einmal, in der Mittagshitze, bestückt mit
diversen Mülltüten, fällt die Tür ungebremst ins Schloss.
Sofort schießt der Kopf des Nachbarn über die Balkon-
brüstung. Ich bin sozusagen in flagranti ertappt worden.
Er erklärt mir noch mal freundlich und ausführlich die
Problemlage. Daraufhin beteuere ich, dass ich die Tür seit
seinem Brief ordnungsgemäß schließe und dass ich auch
alle Besucher instruiere, dies zu tun. Er fährt fort, mir zu
erklären, was ihn am Türklappen so stört und warum er
darauf bestehen muss, dass es aufhört. Ich, inzwischen
schon mit leichter Genickstarre, versuche, ihm klarzuma-
chen, dass sein Türproblem bereits so viel Raum in meinem Kopf einnimmt, dass es beginnt, meine eigenen Probleme zu verdrängen.

Auf dem Rückweg in meine Wohnung wird mir klar,
dass ich sein Problem zu meinem gemacht habe, dass die
Nichtbewältigung seines Problems in mir Schuldgefühle
und Rechtfertigungswünsche auslöst. Soll ich etwa dem
Grenzen setzen, der mir Grenzen setzen will? Ich stehe
ratlos in dem weiten Feld, in dem es auszutarieren gilt,
wann mein Wohlbefinden darunter zu leiden beginnt, wenn
ich versuche, das Wohlbefinden anderer herzustellen.

Stehe ratlos da und denke über die Beziehungen meines
Lebens nach. Wenn das, was in der Bahnhofsmission über

den Tresen geht, eine Währung ist, die sich mit Energie, mit Liebe, mit Glück, übersetzen lässt, gibt es dann auch einen Zusammenhang zwischen Helfen und Beziehung? Beides ist zwischenmenschlich, beides ist Spiegelung.

Schmidbauer schreibt in seinem Buch, typisch für das Helfersyndrom sei »die Vermeidung von Gegenseitigkeit«. Vermeide ich Gegenseitigkeit? Eines Abends sehe ich mir, eher zufällig, die gesamte Staffel von *Make Love* an, einer Netflix-Serie über sexuelle Aufklärung, moderiert von Ann-Marlene Henning. Plötzlich weiß ich, mit wem ich über den Zusammenhang zwischen Helfen und Beziehung sprechen muss.

RUBBEL HIER, RUBBEL DA

Gespräch mit der dänischen Sexologin Ann-Marlene Henning, die ihren Klienten grundsätzlich das Du vorschlägt

AMH: Warum bist du heute bei mir? Was kann ich für dich tun?

EB: Ich schreibe ein Buch über mein Helfenwollen.

AMH: Das ist toll! Ich hab deinen Text über die schwulen Flüchtlinge gelesen. So was würde ich auch machen!

EB: Was auch in die Helferthematik reinspielt, ist offenbar mein Frausein. Und hier kommst du ins Spiel. Gloria

Steinem hat mal gesagt, sie ist der Mann geworden, den sie selber gern gehabt hätte.

AHM: Herrlich! Ich auch!

EB: Das heißt nicht, dass ich ein Mann geworden bin, aber ich verhalte mich häufig wie einer.

AHM: Ja, das ist es … Jetzt sag ich mal was, damit du das einordnen kannst. Du hast also maskuline Eigenschaften, aber du bist optisch feminoid … na gut, du hast eine große Armbanduhr, keinen Nagellack, eine Hose an, Rollkragen, keinen Schmuck … Plateauschuhe … ähm … aber die Haare gefärbt, Make-up, also du bist feminoid UND maskulinoid. Gefühlt würdest du sagen: Ich hab große männliche Fähigkeiten. Und ohne wären wir beide nicht, wie wir sind. Du brauchst den Drive – und der soll ja angeblich eher zu den Männern gehören.

EB: Aber wir sind ja nicht so geboren.

AMH: Richtig, aber warum heißt das überhaupt »männlich«? Frauen sollen weich und soft sprechen, gar nicht so viel denken. Weil es als männliche Eigenschaft gilt, ein Ziel zu sehen und dorthin zu gelangen. Warum?

EB: Das kann ich dir sagen: Weil es Männer gibt! Wenn wir keine Geschlechtsteile hätten, gäbe es diese Zuordnung nicht. Dann hätten wir ja keinen Geschlechterkampf mehr.

AMH *(zieht sich den Pullover aus)*: Ich hab Menopause!

EB: Ich bin schon durch. Und meine Libido ist im Keller. Je älter ich werde, desto häufiger denke ich, ich bin sexuell total unterentwickelt.

AMH: Hahaha. Ich kenn den Gedanken! Ich kenn den Gedanken!

EB: Ich hab auch nie zu einem Partner gesagt: Jetzt streng dich mal bisschen an. Rubbel hier. Rubbel da. Es war immer toll für mich, weil ich ja verliebt war.

AMH: Ja.

EB: In Liebesdingen bin ich unverführbar. Es sei denn, jemand kommt und sagt: Ich glaub, ich bin impotent.

AMH: Aha, weil du dann denkst, du kannst ihm helfen.

EB: Genau! Und aus demselben Grund habe ich auch schon Orgasmen gespielt. Ich wollte doch nur helfen.

AMH: Ja, angeboren ist nur ein Erregungsreflex, nicht der Weg zum Orgasmus. Und jetzt kommt die Wahrnehmung dazu. Wenn ein Mann zu dir sagt: »Ich glaub, ich bin impotent«, das triggert bei dir offenbar die Erregungsfrequenz.

EB: Warum?

AMH: Gelernt. Wann und wo, das könnten wir jetzt suchen oder nicht suchen. Für dich ist Hilfestellung eine emotionale Erregungsauslöserin.

EB: Vielleicht will ich tief im Inneren gar keinen Mann. Ich war mit einem Mönch verheiratet und mit einem Mann im Rollstuhl. Jetzt wohne ich in einem Haus voller schwuler Männer.

AMH: Die Frage ist auch, wie viel darfst du an dich selbst denken, wenn du ein Helfersyndrom hast? Das Geschlecht steht im Mittelpunkt des Menschen, das ist eine Lebenskraft. Männer dürfen bei sich hinfassen. Männer dürfen Spaß haben. Das Mädchen soll sich aber nur ordentlich waschen, die Beine überschlagen, nichts spüren. Kleine Mädchen lernen: Nimm dich nicht wahr, kümmer dich lieber um andere.

EB: Ich war ja streckenweise eine Claqueurin.

AMH: Weißt du, was ich für das Problem halte? Es ist subtil, es passiert innerlich. Wir stellen das gar nicht infrage, wenn wir, weil wir taff sind, über so etwas lachen, dass wir damit eine Sache unterstützen, wo es generell um Unterdrückung geht. Ganz oben auf der Pyramide steht der heterosexuelle maskuline weiße Mann. Alles, was da drunter ist, muss kleingehalten werden. Und jedes Mal, wenn wir was machen, was diese Position stärkt, spielen wir mit dem System. Und je weiter du weg bist von dieser Spitze, desto härter ist die Strafe für das Anderssein. Wenn du als Frau maskulin bist, bist du schon falsch, denn das Maskuline gehört nur denen. Die nennen das institutionalisierte Diskriminierung. Frau wird unten gehalten, und das machen wir alle mit.

EB: Mein erster Ehemann war ein Fremder. Ich hab mit neunzehn einen Fremden geheiratet.

AHM: Das ist noch so'n Ding. Dass Frauen nicht genug nachdenken in solchen Momenten. Sie verlieben sich, wollen den Mann...

EB: ...im hormonellen Vollrausch heiraten sich Menschen, die überhaupt nicht zueinander passen, und werden Eltern.

AMH: Wie lange habt ihr durchgehalten?

EB: Knapp fünf Jahre. Dann bin ich weg. Und nicht nur das, ich hab ihm unsere Tochter gegeben.

AMH: War das auch Helfersyndrom?

EB: Da behaupten immer alle, das war Egoismus. Aber es war natürlich ein wahnsinniger Verzicht.

AMH: Wolltest du den Mann damit ruhigstellen?

EB: Ich hielt ihn für die bessere Mutter. Und ich wollte nicht zerren, wie beim kaukasischen Kreidekreis.

AMH: Du bist auch nicht die typische liebevolle Mama, weil du in der Beziehung kein Helfersyndrom hast, sondern weil du auch dich liebst.

EB: Grad im Moment etwas weniger. Mein letzter Ehemann hat sich erschossen.

AMH: Oh. Wie gehst du damit um?

EB: Ich mache eine Therapie. Natürlich setze ich mich mit dem Schuldgefühl auseinander. Kurz nachdem es passiert ist, hab ich ein Seminar bei Bert Hellinger gemacht. Mein Mann saß im Rollstuhl. Und Hellinger sagt ja, Behinderte und Nichtbehinderte sind nie auf gleicher Augenhöhe. Der Nichtbehinderte gibt immer, und der Behinderte muss nehmen und nehmen und wird immer saurer.

AMH: Ja, das ist bindungstechnisch und psychologisch ein Riesenproblem. Wenn einer immer alles mitmacht, dann spüren sich oft beide selber nicht, und dann kommt die Wut, weil man alles zurückhält und in sich reinfrisst. Die baut sich auf über Jahre.

EB: Wir haben aber auch viele Dinge ausgefochten. Richtig körperlich. Beispiel: Er will bei Rot über die Straße, schwingt den Rollstuhl mit aller Kraft nach vorn, ich ziehe hinten an den Griffen, zerre mit aller Kraft zurück, bis die Ampeln auf Grün springen. Wir kämpfen gegeneinander, streben in zwei unterschiedliche Richtungen, und der Mann wird wütend, der Mann ist kräftig, hat extrem ausgebildete Oberarmmuskeln, denn seine Arme ersetzen ja die Beine.

AMH: Oje, oje. Das muss schwierig gewesen sein, zwei so starke Persönlichkeiten!

EB: Schrecklich! Und wie sehr es mir fehlt!

AMH: Solche Sachen, wie du machst, Bahnhofsmission, Hospiz, Demenz, als du das erzählt hast, hab ich gedacht, o Gott, wie anstrengend, wie gut, dass ich das gerade nicht tun muss. Aber das ist bestimmt das spannendste Menschenstudium. Könnte die ehrenamtliche Arbeit deine Liebessprache sein? Du weißt, wegen deines Helfersyndroms? Wir sind also wieder bei Bindung.

EB: Liebessprache klingt natürlich besser als Helfersyndrom. Weniger krank. Ich glaube auch, dass meine Meningoenzephalitis damals, mit siebzehn, wesensverändernd war. Dass ich während der Monate im Krankenhaus eine Tür durchschritten habe. Danach war alles perspektivisch anders.

AMH: Ach, interessant. Die Nacht vor meiner Hirn-OP vor zwanzig Jahren musste ich gar keine der ansonsten üblichen Beruhigungsmittel nehmen. Ich lag da und war völlig bei mir, auch diese Erfahrung war wesensverändernd, aber das Wort habe ich nie benutzt. Ich sage immer, mein Kern wurde größer, das war so ein Gefühl: Es war wesensverändernd, ich hatte nur kein Wort dafür. Ich war auf mich gestellt.

EB: Ich war auch auf mich gestellt. Und bin es noch. Meist stört mich das nicht. Das Einzige, das mir fehlt, ist weibliche Energie.

AMH: Wenn du sagst »weiblich«, was meinst du mit weiblich?

EB: Ich will eine Resonanzfläche, eine Echokammer, um mich zu entwickeln. Aber Freundinnen, jedenfalls heterosexuelle, bringen permanent Männer als Themen in mein Leben. Und Männer sind für mich ausrecherchiert. Deswegen steht mein Jahr 2018 unter dem Motto: »Go local! Go female!«

AMH: Was meinst du damit?

EB: Als Alleinlebende will ich mich stärker in der Nachbarschaft verankern. Die Bahnhofsmission und das lokale Nachbarschaftsnetzwerk gehören dazu. Und als Frau will ich mehr mit Frauen zusammen sein. Ich hab meinen Steuerberater gewechselt, von Mann auf Frau. Ich unterrichte syrische Mädchen. Ich suche nach Trainerinnen, Physiotherapeutinnen, Ärztinnen. Nur noch mit Frauen. Alles nur noch mit Frauen.

AMH: Das ist interessant. Was verbindest du denn mit »weiblicher Energie«? Wenn du versuchst, auszudrücken, was für dich weiblich ist, dann suchst du vielleicht etwas anderes?

EB: Ja, aber was? Ist denn Helfen weiblich?

AMH: Ja. Deine Zauberworte sind aber »Bindung« und »Symbiose«.

KARMA CHAMELEON

Über das Verursachen von Schicksalen

Das Gespräch mit der Sexologin wird mich noch Monate beschäftigen. Die weibliche Energie, nach der ich mich so sehne, habe ich von ihr tonnenweise bekommen, und zwar in Form von Zustimmung und Widerspruch, Lebensklugheit und Lebendigkeit. Wenige Wochen später lese ich in meinem Laborbericht, dass mein Testosteronspiegel zu hoch ist. Was hat Ann-Marlene gesagt? Ich sei feminoid und maskulinoid. Zu maskulinoid? Wer oder was hat mich vermännlicht? Das Kämpfen? Die Wechseljahre? Dass ich im Leben meiner Tochter die Rolle des abwesenden Vaters übernommen hatte? Die rechte, die männliche Körperhälfte, die den Job der komatösen linken mitmachen muss?

Meine Suche nach »weiblicher Energie« läuft schleppend. Ich will mir aber selbst beweisen, dass ich mich mitnichten gegen das weibliche Prinzip entschieden habe, wie Sabrina, das Medium, in meiner Aura gelesen hatte, und falls doch, dann würde ich das hiermit korrigieren. Ich suche Freundinnen, auch auf Partnerschaftswebseiten.

Natürlich will ich keine Beziehung, denn wenn ich mehr Nähe zu einem einzigen Menschen haben würde, dann wäre ich nicht mehr offen für die vielen, die mich brauchen. Oder von denen ich glaube, dass sie mich brauchen.

Überhaupt, wie viele emotionale Ressourcen habe ich noch? Der Algorithmus bei Gay Parship schlägt mir Invalidenrentnerinnen vor, die Haustiere in die Kamera halten und eine »bessere Hälfte« suchen, mit der sie im Wohnwagen durch Australien reisen können. Ich aber will Schönheit, Wildheit, Befruchtung, Resonanz, Unabhängigkeit, Kreativität, ich suche eine Susan Sontag, eine Annie Leibovitz, eine Ellen DeGeneres, eine Cynthia Nixon, eine Jodie Foster, eine Annie Sprinkle/Beth Stephens-Konstellation.

Stattdessen muss ich auf Berliner Parkbänken Beziehungsgespräche mit einsamen Pflegedienstleiterinnen führen. Notiz im Tagebuch: »Verzweiflung auf der anderen Seite.« Oder: »Unküssbar, absolut unküssbar.« Oder: »Erotischer Funkenflug gleich null«, oder: »Ihr Motto: Hauptsache nicht allein.« Wie alles, was ich betreibe, betreibe ich die Suche manisch, mit einem donquijotehaften Touch.

Wofür kämpfe ich eigentlich? Oder wogegen? Wo kommt das Helfenwollen her? Steht am Ende nur ein verkümmerter Paarungswunsch dahinter? Die fixe Idee, nur dann geliebt zu werden, wenn man für andere da ist, ist wie ein geheimer einseitiger Vertrag, der seine Gültigkeit verliert, wenn man ihn laut ausspricht, lese ich in den Fachbüchern. Ich spreche den Satz »Ich werde nur dann geliebt, wenn ich für andere da bin« laut aus. Jetzt ist er nicht mehr geheim. Und nun? Wie führe ich eine Beziehung, wenn ich nicht mehr helfen und retten darf?

Meine Zauberworte sind »Bindung« und »Symbiose«. Wie hat Ann-Marlene Henning das gemeint? Ich nehme Kontakt zu Professor Dr. Hugo Schmale auf, der den Algorithmus für Partnerschaftsvermittlung erfunden hat. Der siebenundachtzigjährige Philosoph und Psychologe stimmt einem Gespräch zu. Ich fahre nach Hamburg, wir unterhalten uns drei Stunden lang. Das Gesprochene ist so dicht und gelehrt, dass ich monatelang für die Abschrift brauche. Schmale gibt mir eine Frage mit auf den Weg, die ich mir erst hinter die Ohren und dann zu Hause groß an meine Pinnwand schreibe: Wie kann ich frei sein in der Bindung?

Mir fällt eine Szene wieder ein. Ich laufe mit einem Hindumönch durch die Straßen von Manhattan. Seit anderthalb Jahren lebe ich wie eine Nonne in einem Tempel. Der Winter ist streng im Jahr 2003, wir tragen schwere Wäschesäcke, und am Straßenrand liegt ein Mann in zerlumpter Kleidung. Er ist merkwürdig verrenkt, Mund und Augen sind offen. Als ich mich zu ihm hinunterbeuge, sehe ich Schnee in seinen Wimpern hängen. Im selben Moment stößt der Mönch ihn derb mit dem Fuß an.

»He is dead anyway«, der ist sowieso tot, sagt er und geht weiter. Ich sehe mich um, hinter uns sind Polizisten bei dem Toten angekommen und hängen an ihren Funkgeräten.

Kapitalismuskritik hält der Mönch für unangebracht. Auch meinen Vorwurf von Hartherzigkeit weist er mild lächelnd zurück. Nach dem Gesetz des Karma hat der Mann sein verdientes Ende gefunden. Was wir sahen, war nur eine Hülle, eine Art Wurstpelle, ein Überbleibsel aus der materiellen Welt. Der Mann hatte in diesem oder einem früheren Leben unrecht getan. Er hatte die Wahl gehabt, seine Karma-Schulden mit guten Taten zu bezahlen oder mit seinem Leben. Hier war ausgleichende Gerechtigkeit am Werk, nicht Tragik.

Karmisch gesehen, sind meine Einzahlungen vom Winde verweht. Oder kommt mir das nur so vor? Wäre ich viel kränker, vielleicht sogar längst blind wie damals vorhergesagt, wenn ich anderen nicht geholfen hätte? Was ist bereits bei der Geburt vorinstalliert, und was hat das Leben noch draufgehäuft? Ich starre auf die Frage an meiner Pinnwand. Ich bin zweiundfünfzig Jahre alt, war viermal verheiratet, habe seriell monogam gelebt und viele temporäre Helferprojekte gemacht. Ich hatte ein aufregendes Leben mit vielen Hochs und vielen Tiefs. Aber war ich jemals glücklich?

Mein Blick fällt auf ein Zitat, das auf dem Kalender steht, den ich geschenkt bekam und eher unwillig aufhängte. Es stammt von Hildegard von Bingen: »Letztlich sind wir hier, weil es kein Entrinnen vor uns selbst gibt. Solange der Mensch sich nicht selbst in den Augen und im Herzen seiner Mitmenschen begegnet, ist er auf der Flucht. Solange er nicht zulässt, dass seine Mitmenschen an seinem Innersten teilhaben, gibt es keine Geborgenheit. Solange er sich fürchtet, durchschaut zu werden, kann er weder sich selbst noch andere erkennen – er wird allein sein.«

Loriot würde sagen: Ach, Hildegard!

HOCHSENSIBILITÄT

Grau, teurer Freund, ist alle Theorie

Eine der Frauen im Pflegeheim hatte mir während des Praktikums viel von ihren echten und eingebildeten Krankheiten erzählt. Ich hatte sie gefragt, ob sie Familie habe und welchen Beruf sie gelernt hatte, aber sie schien sich an nichts zu erinnern als an ihre Krankheitsgeschichten, mit denen sie sich lebenslang missverstanden, nicht erkannt, ungehört gefühlt hatte. Erst vor Kurzem habe sie entdeckt, dass sie hochsensibel sei. Eine kleidsame Selbstdiagnose. Wer will schon ein Hypochonder sein, wenn er hochsensibel sein kann?

Über Hochsensible hatte ich gehört, dass sie sehr feine Antennen für die Traurigkeit und Hilfsbedürftigkeit anderer

Menschen haben. Das schien bei ihr nicht der Fall. Im Gegenteil, sie hatte feine Antennen für die eigene Traurigkeit und beklagte das Fehlen dieser feinen Antennen bei anderen, sie betreffend.

Mir geht es mal so, mal so. Manchmal merke ich nichts, und andere denken: Wie kann die Frau so ignorant sein? Dann wieder bin ich verurteilt dazu, die Gefühle anderer zu fühlen, die sie selber nicht zulassen. Ich scheine, immer auf der Flucht vor der Einordnung, zwischen unsensibel und hochsensibel zu irrlichtern. Immer wieder suche ich nach Menschen, die mich so sehen können, wie ich gerade bin, ohne meine Agenda, Menschen mit neuem Blick. Ein Leben wie im Zeugenschutzprogramm. Eine neue Wohnung, ein neuer Ort, eine neue Liebe, ein neues Buch.

Zur Austarierung nehme ich an einem Hochsensibilitätsworkshop teil. Ein vorbereitender Test bescheinigt mir eine hohe Punktzahl, über die ich mich freue, als sei ich geadelt worden. Hätte mich dagegen jemand »Mimose« genannt, wäre ich beleidigt gewesen.

Ich reagiere empfindlich auf grelles Licht. Ich habe einen feinen Geschmacks- und/oder Geruchssinn. Bestimmte Konsistenzen von Essen mag ich nicht. Ich bin motorisch unruhig und ständig in Bewegung. Der Umgang mit Menschen, insbesondere in Gruppen, kostet mich oft viel Energie. Im Gespräch mit anderen spüre ich schnell, wenn ihr Gesagtes mit ihren Gefühlen nicht übereinstimmt. Stimmungen anderer nehme ich nicht nur eindeutig wahr, sie beeinflussen mich oft auch. Ich bin gern allein, habe viel Fantasie und hänge oft Träumen nach. Meine Familie versteht mich nicht. Ich habe einen stark ausgeprägten Gerechtigkeitssinn.

Ich bin sehr kreativ. Ich habe einen besonderen Zugang zur Natur, Musik oder Kunst. Mit Lügen kann ich sehr schlecht umgehen. Ich fühle mich oft für Geschehnisse verantwortlich. Ich fühle mich Situationen oft hilflos ausgeliefert. Ich kann mir Wahrnehmungen über einen sehr langen Zeitraum merken. Ich kann das Denken nicht »abstellen«, oftmals jagen ganze Gedankenketten durch meinen Kopf.

Die hohe Punktzahl mag mich theoretisch für den Hochsensibilitätsworkshop qualifiziert haben – praktisch bin ich dann doch rasch wieder ausgebüxt.

Es ging mir genauso wie beim »Gewaltlose Kommunikation«-Workshop. Auch hier trug der Leiter eine dieser selbstgefärbten, weinrosa Windelhosen, die darauf hinweisen, welcher Glaubensrichtung (Selbsterfahrung, Nachhaltigkeit, Achtsamkeit) er angehört. Auch hier war der Veranstaltungsort eines dieser wochenendverwaisten Yogastudios. Auch hier waren die Teilnehmer naturbelassene Weichmänner und Hartfrauen. Es gab wieder Tee und extra Socken und Yogakissen und Fachbegriffe (zum Beispiel »Dreier-Check-in« für die drei Gefühle, mit denen man sich vorstellen sollte), aber vor allem repräsentierte der Yogaraum auch hier die vollständige Abwesenheit von Wissensvermittlung, Führung und Autorität. Es kam kein Stopp, als das für Selbsterfahrungsgruppen typische Lamento anfing, kein: »Ihr seid jetzt im Kopf« oder: »Ihr habt die Übung nicht richtig verstanden« oder: »Fühlst du jetzt nicht auch das und das …?« Der Mann saß nur leicht weggetreten lächelnd da.

Schon die Anfangsrunde war peinigend, vor allem mein

Kopf, der immer urteilt und einordnet und sich dafür maß-
regelt und der gleichzeitig Antennen ausfährt, um wahr-
zunehmen, wie ich selber beäugt und eingeordnet werde.
Ich hab den doppelten Film, in dem ich mich sehe, wie ich
andere sehe. Manchmal hab ich sogar den dreifachen Film,
in dem ich mich sehe, wie ich mich sehe, wie ich andere
sehe. Um mit Rosenberg zu sprechen, fühlte ich mich wie
ein als Giraffe verkleideter Wolf. Das einstimmende Tanzen mit geschlossenen Augen, jeder für sich allein, war
toll, da hätte ich ewig weitermachen können. Was das Tanzen betrifft, so fehlt mir von Haus aus jede Hemmung.

Bei der ersten Übung stimmte der Partner. Wir waren
beide übrig geblieben, uns wollte niemand. Er war höchstens Mitte zwanzig. Wir hockten uns mit zwei Metern
Abstand auf unseren Meditationskissen gegenüber und
waren die Einzigen in der Gruppe, die das Maul gehalten
und tatsächlich staunend und Kommentierungsversuchen
widerstehend in sich und den anderen reingespürt haben.
Wir waren faszinierenderweise wirklich im Kontakt, ohne
zu sprechen.

Die anderen haben sich wie beim Speeddating gegenseitig vollgelabert, Informationen über sich, Meinungen
über sich, Urteile Dritter über sich, Alltagsbeschreibun-
gen, ohne sich oder den anderen zu spüren.

Bei der zweiten Übung bin ich mit einer unzufriedenen
Frau, so einem Plappermaul, zusammengekommen, zweimal zwölf Minuten, und dann noch mal fünf Minuten, weil's
so schön war. Das war rausgeschmissene Lebenszeit, und
ich hatte keine Lust, mir bis zum Abend noch zehn andere
Biografien von zehn anderen Frustbeulen anzuhören.

Der Leiter hat nie eingegriffen. Das stört mich, dass dieser »neue Mann« nie eingreift, nie anleitet, nie belehrt, sondern alles geschehen lässt, und dass dann lauter Napfsülzen »authentisch« sein dürfen und, vorlaut und laut und unspirituell, den Ton angeben, weil der Wissende schweigt und ihnen »Raum gibt«. Aber diesen Raum nehmen sie sich ja überall, draußen auch, das ist ja das Problem.

Warum bringe ich mich wiederholt in Situationen, die von vornherein wenig erfolgversprechend sind? Wo mein Bauch vorher laut »Nein« ruft?

Vielleicht, weil ich, wenn ich diesen Fährten nicht nachgehe, immer denken würde, dass der Hund genau dort begraben liegt, wo ich nicht war.

FENSTER ZUR WELT

Öffnung und Hilfe

April 2018. Es ist erst eine Woche her, seit ich meinen Augenarzt fragte, wann es denn nun endlich so weit sei mit dem Operationstermin, ich könne das alles nicht mehr aushalten. »Warten Sie auf die ersten Sonnenstrahlen«, sagte er geheimnisvoll, »wenn wieder Motorradfahrer unterwegs sind.«

Erst Stunden später erschloss sich mir der Sinn seiner

Worte. »Nierchenwetter« wird das in Organspenderkreisen genannt. Meine Schriftstellerfantasie treibt allerwildeste Blüten, als die Nachricht aus der Klinik kommt. Es ist so weit! Ich kriege eine neue Hornhaut.

Selten ist ein glücklicherer Mensch ins Krankenhaus geeilt als ich. Endlich! Endlich! So froh! So lange gewartet! Die Zeichen stehen auf Sieg. Ich kriege mein Lieblingszimmer. Mein Anästhesist ist armtätowiert, scherzt mit mir und verspricht mir Propofol oder, wie ich es nenne, »die geile weiße Michael-Jackson-Milch«. Eine Krankenschwester, die mich seit dreißig Jahren als Patientin kennt, steckt mir Interna. Am OP-Tag soll ich die fünfte Person sein, nach drei Babys und einem männlichen Privatpatienten. Später entscheidet sich mein Chirurg um. Ich soll zuerst drankommen. Diese Entscheidung wird dann revidiert, meine Hornhaut sei noch nicht da. Wieder geht die Fantasie mit mir durch. Ist in diesem Moment jemand mit einem Organcontainer in einem Flugzeug unterwegs? Oder in einem Flixbus? Wo kommt er her? Aus Bosnien? Umbrien? Thüringen?

Der Chirurg will es riskieren, Hornhaut und Linse in einer OP auszutauschen. Es gibt wohl eine Chance von eins zu tausend, dass, wenn das Auge »so lange offen« ist, eine Blutung auftritt, die eine totale Erblindung des Auges zur Folge haben würde. Was in meinem Fall nur hieße, ich sehe nicht mehr alles weiß, sondern alles schwarz. Und für immer.

Am nächsten Morgen um neun wird mein Bett Richtung OP gerollt. Dort sorgt die Tatsache, dass ich das zu operierende Auge mit fetten schwarzen Pfeilen markiert habe, für hemmungslose Heiterkeit.

Egal. Sicher ist sicher.

Selten bin ich entspannter in Narkose gesunken. »Krishna has a perfect plan«, wie die Tempelmönche immer sagten. Jetzt schließt sich vielleicht doch ein ganz großer Kreis, hier werden Sie geholfen.

Der Chirurg hat die neue Hornhaut mit einer veritablen sternförmigen »Hoffmann-Naht« befestigt. Auf einem Foto sieht mein »armes, armes Leichenauge« (Sibylle Bergs Kommentar dazu) aus wie ein aus nächster Nähe fotografierter sehr seltener, sehr scheuer taubenblauer Quallenfisch.

Mein Telefon klingelt. Ich dämmere im Halbschlaf im Krankenhausbett, greife danach, finde den Knopf, krächze HALLO? Am anderen Ende die Stimme meiner Mutter: »Wer ist denn da bitte?«

Seit meiner offiziellen Vornamensänderung vor zweiunddreißig Jahren, die noch in der DDR auf dem Standesamt Pankow vollzogen wurde und die ich in den ersten Jahren generalstabsmäßig vor meinen Eltern verbarg, bis sie es zufällig über Dritte erfuhren, können sie mich nicht mehr beim Namen nennen. Mein Vater ringt sich inzwischen ab und zu ein geschriebenes oder gerufenes »Else« ab, meine Mutter spricht mich konsequent mit »Tochter« an. Wenn ich heute an Sister Tikkas Worte zurückdenke, dann habe ich vielleicht die durch den Kaiserschnitt nicht erfolgte Entbindung durch die Vornamensänderung vollzogen. Gleichzeitig habe ich mich von dem mir vorgegebenen Leben losgesagt. War die Vornamensänderung nur ein kosmetischer Eingriff oder ein Abort meiner Sozialisation?

In den Tagen nach meiner Operation erreicht mich eine Mail meines Freundes Martin, der schreibt, dass er mich gernhat, weil er sich angezogen fühlt von »Menschen mit gestalteten Schicksalen, Menschen, die nicht dahintreiben, Menschen mit Energie und Leiderfahrung«. Was aber hat es mit der Leiderfahrung auf sich? Auch ich habe sie, auch ich suche sie in anderen Menschen. Finde ich sie, wie bei Ann-Marlene Henning, wie bei meinem Rollstuhlmann, wie bei Sister Tikka, wie bei den Obdachlosen, dann fühle ich sofort (die Illusion einer?) Seelenverwandtschaft.

Indem ich, im Krankenhausbett liegend, nachdenke, woher mein gefühltes und dann wahrhaftig gewordenes Anderssein kommt, weiß ich plötzlich wieder, dass es in einem Krankenhausbett begann, in Hermannswerder, als ich komatös war, als ich zwischen Leben und Tod schlingerte, als Eros am Kopfende stand und Thanatos am Fußende, ich war achtzehn Jahre alt. War es nicht damals, dass ich hinüberging und mich sehnsüchtig neben die Armee der Toten stellte? Bin ich nicht zwischen den Lebenden und den Toten seither wie Patrick Swayze in *Ghost*? Ist nicht damals aus der hungrigen kleinen Sabine die schlingernde, flirrende Grenzgängerin Else geworden? Ist es nicht seitdem, dass alles nur noch auf Gedeih und Verderb geht? Dass alles total sein muss, dass alles »wie verrückt« erfolgen muss, dass ich »doch nur alles« will, immer für immer, aber nie für lange? Meine Liebesbeziehungen und meine Helferbeziehungen haben dasselbe Problem, sie werden von Gefühlsfrachtlastern aus der Kurve geschleudert.

Diesmal besucht mich meine Tochter im Krankenhaus. Und während wir vorsichtig tastend reden, rechnet es in meinem Kopf. Meine Tochter ist in Sabine gezeugt, aber von Else geboren worden. Möglicherweise ist auch sie in eine Zwischenwelt gerutscht und muss im Niemandsland zwischen Sabine, der Übermutter, und Else, der Nichtmutter, ewig wandern.

Ich möchte ihre Hände nehmen, sie umarmen, ihr sagen, wie leid es mir tut, dass ich in ihrem Leben zu wenig präsent war, und wie gern ich ein offeneres, herzlicheres Verhältnis mit ihr will, aber ich finde die Worte nicht, höre mir bestürzt beim Nichtsagen der Worte zu und sehe, wie mein Kind streng die rechte Augenbraue hochzieht.

Erst später, im von mir angeregten Herumalbern mit der Snapchat-App, als wir Selfies machen, als Häschen, Blumenkinder, mit flirrenden Herzchen, mit hechelnden Hundezungen, sind wir, dicht nebeneinander, minutenlang kichernd im gnädigen Land des Vergessens vereint. Hier gelingt es dem Kind, das ich war, mit dem Kind, das sie war, zu spielen.

Aus dem Krankenhaus entlassen, will ich nach Bad Staffelstein in die Basilika Vierzehnheiligen reisen, um mir ein neues Armband zu kaufen, nachdem Sister Tikka mir das alte abgeluchst hat, und bei der Gelegenheit dem heiligen Vitus, dem Beschützer der Blinden und Lahmen, für meine Heilung zu danken. Ich komme nur bis Bamberg und liege, von den Nebenwirkungen der systemischen Immunsuppressiva niedergestreckt, einige Stunden halb ohnmächtig im Hotelbett, bis ich mich mit klappernden Zähnen zurück in den ICE nach Berlin schleppe. »Typische Else-Aktion«, kommentiert meine Freundin per Mail.

Sie hat recht.

Es gibt für mich bisher nur zwei Arten, mein Leben zu leben: im Vollbesitz meines Urteils, meiner Freiheit, meiner Kontrolle – oder hoffnungslos unterlegen: einer Liebe, einer Krankheit, einer selbstgestellten Aufgabe. »*Du musst steigen oder sinken, Du musst herrschen und gewinnen, Oder dienen und verlieren, Leiden oder triumphieren, Amboss oder Hammer sein.*« Irgendwann, irgendwo muss das ja gesät worden sein, dieses Hopp oder top. Ich bin wie jemand, der am liebsten immer nur einatmen will. Das Ausatmen macht mir angst. Ein – aus – ein – aus – kenn ich nicht, kann ich nicht.

NEUGIER, DANKBARKEIT, MATERIALBESCHAFFUNG

Durch wessen Fenster blicke ich jetzt?

Berlin, 20. Mai 2018

Sehr geehrte Spender-Familie,
ich leide seit meinem 18. Lebensjahr an einer Entzündung des linken Auges, deren chronischer Verlauf inzwischen die Linse und die Hornhaut zerstört hat. Durch die Folgen, grauer und grüner Star, war ich – da das rechte Auge zwar

gesund, aber nicht sehr sehtüchtig ist – in den letzten an-
derthalb Jahren mehr oder weniger sehschwach und aus
dem Berufsleben geworfen.

Ich stand auf der Spenderliste und wartete auf eine Horn-
haut. Vor vier Wochen war es dann so weit, es wurde eine
Transplantation vorgenommen, und heute kann ich dank
der Hornhaut Ihres Angehörigen links wieder fast 20 Pro-
zent sehen.

Ich würde Ihnen gern auf diesem Wege danken und mich
sehr freuen, zu erfahren, durch wessen »Fenster« ich die Welt
nun wieder klarer und bunter sehen darf.

Meinen Namen und meine Kontaktdaten erfahren Sie über
die Hornhautbank. Ich darf sie nicht in diesen Brief schreiben.

Mit herzlichen Grüßen und in Dankbarkeit
XXX, selbst Organspenderin

DAS HANS-IM-GLÜCK-PRINZIP

Mein Leben als Klein Mutti

Gestern hab ich den Kleinen getroffen. Er ist ganz schön
groß geworden. Vielleicht fehlt auch einfach der Größen-
bezug, seit er sich vom Großen getrennt hat. Saladdin hat
eine formvollendete Bodybuilderfigur, und er strahlt übers
ganze hübsche bärtige Gesicht, wenn er mich sieht. Vor

einem Jahr hatte ich ihm ein Fahrrad geliehen, das wiederum mir eine Freundin geliehen hatte. Da er es nun schon als sein Eigentum betrachtet, kaufte ich ihm ein neues Rad, ein türkisfarbenes mit braunem Sattel, und schlug ihm vor zu tauschen. Nach dem für mich üblichen Hans-im-Glück-Prinzip machte ich einen sehr schlechten Tausch. Das Rad meiner Freundin hatte inzwischen »ein klein Loch« im Schlauch und ein zerbrochenes Pedal. Während der Reparatur stellte sich heraus, dass es einen neuen Reifen brauchte.

Aber wie der Kleine sich über das türkisfarbene Rad freute! Es passe zu seiner Hose, rief er glücklich, dieserart modische Details sind ihm wichtig. Es ist so deutlich zu sehen, wann er höflich dankt und wann echte Freude ihm aus jeder Pore quillt. Dann schiebt sein Lächeln seine Ohren weg, weit weg, und er presst seinen eiweißgepumpten, durchdefinierten Körper, der jeden Tag nicht mehr und nicht weniger als siebenhundert Gramm gedünstetes Hühnchen kriegt, fest an mich. Ich habe ihn lieb gewonnen.

Wir kennen uns jetzt zweieinhalb Jahre. Damals, als Sister Tikka gestorben war und ich aus Jerusalem zurückkam, geriet ich an einen wütenden Berliner Taxifahrer. Er berichtete von schrecklichen Zuständen, die die »Flüchtlingswelle« in Deutschland ausgelöst habe. Er selbst hatte nie einen Flüchtling gesehen, er kannte auch keinen, der einen kannte, war aber durch die *Bild*-Zeitung im Bilde: Um unser Land stand es schlecht! Zu Hause angekommen, befragte ich meine Nachbarn. Auch von ihnen hatte bisher niemand einen Flüchtling persönlich getroffen. Was sie davon hielten, fragte ich, wenn ich vorübergehend einen aufnehmen würde? Alle fanden das okay.

Nach fünf Tagen ergebnisloser Telefonate mit Ämtern traf mein Enthusiasmus auf den eines kleinen Vereins, der sich unbürokratisch für homosexuelle Migranten engagierte.

Eine müde Frau lieferte die Jungs zwei Tage später bei mir ab. Eigentlich hatte ich nur einen aufnehmen wollen, am liebsten eine Frau. Lieb, still, schmutzt nicht. Aber es sind nur wenige alleinstehende Frauen durch Wüste und Ozean geflüchtet. Der Verein hatte mir zwei junge Männer vermittelt, ein schwules Paar aus Thüringen. Das heißt, aus Syrien, aber aktuell aus Thüringen.

Die Täler und Berge, die wir miteinander durchwanderten, sind erst im Nachhinein blühende Landschaften geworden. Alle Missverständnisse, Ärgernisse und Enttäuschungen, alle Freuden, Rührungen, Momente der Nähe lagen damals noch vor uns.

Am Tag nach dem Einzug klingelten Freunde, ein schwules Ehepaar aus meinem Haus, um Hallo zu sagen und die Jungs auszuchecken. Ich brauche mir keine Sorgen zu machen, sie seien »viel zu schwul, um Terroristen zu sein«, sagten meine Nachbarn später wohlgelaunt. Die Stimmung war gut. Wir erzählten den Jungs, worum es gegangen war. Und lachten.

Mit Ausnahme einer paranoiden Attacke vierzehn Tage später, als halb Berlin wegen eines Staatsbesuchs von Netanjahu abgesperrt war und ich, weil ich sie telefonisch nicht erreichte, plötzlich fürchtete, die Jungs seien doch islamistische Selbstmordattentäter, habe ich ihnen von da an vertraut.

Und das, obwohl ihre Vorgeschichte sich täglich zu ändern schien. Zum Beispiel waren sie keine Syrer. Jedenfalls

Hussein, der Große, nicht. Er war Palästinenser und kam aus Gaza. Einige Tage später erzählte er, er sei zwar Palästinenser, habe aber in Dubai BWL studiert und schon seit einigen Jahren in den Vereinigten Arabischen Emiraten gelebt. Aha.

Aber schwul seid ihr schon? Ja, schwülll (sie riefen das deutsche Wort)! Der Kleine erzählte. Der Vater sei früh gestorben, die Geschwister im Nahen Osten verstreut, die Mutter bei Verwandten in Aleppo. Er selbst komme aus Damaskus. Aber nicht direkt. Er sei vor der Flucht eine Weile in der Türkei gewesen. Wie lange? Weile!

Die beiden hatten sich auf dem Weg nach Deutschland kennengelernt, oder vorher, jedenfalls außerhalb von Syrien und Gaza, und waren dann mit einem jener Gummiboote gekommen, die wir aus den Nachrichten kennen.

Die Jungs wiesen sich seit der Einreise mit zerknickten, abgegriffenen A4-Zetteln aus, auf denen ihre Namen, undeutliche Fotos, die Adresse ihres Flüchtlingsheims und das Datum ihrer Aufnahme standen.

Sie sprachen Englisch und hatten beim Überwintern in einem aufblasbaren Übergangscamp in Thüringen einige deutsche Vokabeln aufgeschnappt. »Natullisch« oder »Gennnau!« sagten sie, wenn Zustimmung erforderlich war, »Achsooh«, wenn ihnen etwas einleuchtete, und »Wassloss«, wenn sie jemanden begrüßten. Saladdin, der Kleine, erzählte, wie er einmal in Thüringen einer Frau helfen wollte, die auf der Straße ausgerutscht und hingefallen war. »Wassloss!«, hatte er gebrüllt und war auf die Liegende zugestürzt. Die Frau hätte daraufhin mit dem Schreien gar nicht mehr aufgehört.

Sie versuchten, der Situation etwas Komisches abzugewinnen. »Na du Fluschtling!« – »Selba Fluschtling!«

Die müde Frau vom Verein hatte bei der Ablieferung der Jungs erwähnt, dass die beiden illegal in Berlin seien und Polizeikontrollen vermeiden müssten, aber sie hatte nicht gesagt, dass sie nur die Hälfte des Geldes zur Verfügung haben würden, das Thüringen ihnen bereitstellte, weil pro Person für Unterkunft, Verpflegung, medizinische Versorgung bereits vorab über 200 Euro abgezogen würden. Sie hatte nicht erwähnt, dass die beiden in Berlin U-Bahn-Fahrkarten brauchen würden, Lebensmittel, Kleidung, Sachen aus der Apotheke, einen Arzt. Dass sie immer wieder nach Thüringen fahren müssten, um so zu tun, als lebten sie noch dort im Camp.

In Thüringen waren Hussein und Saladdin nicht sehr populär gewesen. Außerhalb des Camps, weil Araber, innerhalb, weil schwul. Auf eigene Faust waren sie mit dem Flixbus nach Berlin gefahren, um bei dem Verein zur Unterstützung von homosexuellen Migranten Hilfe zu finden. Dem Großen, der manchmal schnippisch sein konnte, hatten die arabischen Alphamännchen im Camp schon ein Veilchen gehauen. Jetzt waren sie sicher, sie würden endlich Zeit miteinander verbringen können, Ruhe haben, warmes Wasser, eine Privatsphäre. Sie würden in meinem Viertel jede Menge Schwulenbars finden, Hand in Hand gehen können, ohne aufs Maul zu kriegen, ihr Frühstückscafé würde »Romeo und Romeo« heißen, das alles musste ihnen ja geradezu paradiesisch vorkommen.

In den zweieinhalb Monaten waren die Jungs nicht nur meine Nachbarn. Wir lebten wie eine Familie. Ich gab ihnen

Deutschunterricht, kaufte ihnen Klopapier, fuhr mit ihnen auf den Fernsehturm, telefonierte mit Behörden, organisierte zwei Feste für unsere Hausgemeinschaft. In unseren gemeinsamen Monaten fragte ich mich manchmal, ob sie mich überhaupt sahen, meinten, mochten. Und dann fragte ich mich, ob das überhaupt wichtig sei.

Mir war bewusst, dass diese jungen Männer mir vollkommen ausgeliefert waren. Sie konnten nicht Nein sagen zu meinen Vorschlägen, die von Deutschunterricht über Stadtbesichtigung bis hin zu »arabisch kochen für die Nachbarn« reichten. Sie mussten mit mir, meinen Hoffnungen, Enttäuschungen, persönlichen Krisen klarkommen. Meine Vorträge über Safer Sex, Drogen und schlechten Umgang mussten sie ebenso über sich ergehen lassen wie diverse Ansagen, dass der Müll raus muss. Von meinen Nachbarn, obwohl einige kaum Englisch sprechen, wurden die neuen Hausbewohner mit offenen Armen empfangen. Aber der Mai rückte näher, die Wohnung würde umgebaut werden. Sie müssten raus. Mein Ton wurde schärfer, fordernder, ihrer wurde trotziger. Warum konnte nicht alles so bleiben? We love you so much, kleines Mutti!

Ich rief beim Verein an, um die müde Frau zurück ins Boot zu holen. Aber sie war wegen Burnouts in der Klinik, mein Fall ihren Kollegen unbekannt – die Schattenseite von schnellem, unbürokratischem Handeln. Ein Mitarbeiter des Vereins versprach, sich zu kümmern.

Meine Jungs mussten nicht länger in Aleppo oder Gaza sein, aber auf Thüringen hatten sie auch keinen Bock mehr. Während hochmotivierte ehrenamtliche Helfer sie unterstützten, waren die Jungs fasziniert von bunten Kontaktlinsen, Shishacafés und McFit. Als ich ihre Oberflächlichkeit kritisierte, ließen sie durchblicken, dass ich ruhig auch mal wieder zum Friseur gehen könnte.

Manchmal kam ich zu Hause nicht mehr ins Netz, weil sie nebenan mit vier Geräten gleichzeitig (drei Smartphones und dem Computer, den ich ihnen geliehen hatte) online waren. Einmal hatte sich der Große den Magen verdorben, gebärdete sich wie ein Sterbender und scheuchte mich nachts durch halb Berlin in die Bereitschaftsapotheke.

Ich fuhr zu einer Freundin, die außerhalb Berlins in einer ökologischen Gemeinschaft lebt. »Ihr habt doch mehrere Hektar hier«, sagte ich, »könntet ihr euch vorstellen, ab Mai zwei Geflüchtete aufzunehmen?« Meine Freundin, die als Umweltaktivistin freiwillig auf die Annehmlichkeiten des Kapitalismus verzichtet, lachte: »Meinst du, die sind in Gummibooten übers Mittelmeer gekommen, um hier in den Wald zu kacken?«

Fuck! Sie hatte recht. Was mich bei aller Sorge für die Jungs innerlich wurmte, war ihre Anspruchshaltung. Aber dann … durften sie denn keine Ansprüche haben? Was ist das überhaupt, ein Flüchtling? Ist das ein kriegsgebeutelter monoglotter Analphabet, der eine verhüllte Frau und sieben hungrige Kinder hinter sich herzerrt? Ist er politisch verfolgt? Ist er überhaupt politisch? Ist er undankbar, wenn er sich nicht über Wohlstandsmüll freut?

»Hilf uns«, war ihre Bitte, ausgesprochen und unausgesprochen, konkret und allgemein. Ich helfe euch doch bereits, antwortete ich. Trotzdem, es war nie genug. Ich nahm sie mit zu meinen Freunden, es gab mich nur noch im

Dreierpack. Am Anfang war das ja noch ganz exotisch. Aber nach und nach rollten meine Freunde mit den Augen. Mit den Flüchtlingen erstarben alle Feiern pflichtgemäß in Ernsthaftigkeit und politischen Diskursen. Die Jungs, die sich nach Spaß und Leichtigkeit sehnten, fanden sich immer wieder den gleichen Fragen ausgesetzt: Assad, Aleppo, der Gazastreifen, der Nahostkonflikt. Näherte sich ihnen jemand aus der schwulen Community in freundschaftlicher Absicht, vermuteten sie oft erotische Interessen. Sie bewachten einander voller Eifersucht, spionierten sich gegenseitig wegen vermeintlicher Untreue aus, und obgleich sie einander Trost waren, standen sie sich gleichzeitig im Weg.

»I feel used«, sagte der Große scherzend zu mir, als ich beide wieder mal mitschleppte, diesmal zur Ausstellungseröffnung eines syrischen Künstlers. »I know that feeling«, zischte ich wütend zurück. Ich hatte sie mit auf die Veranstaltung genommen, um ihnen zu zeigen, dass man außer Flüchtling auch noch was anderes sein kann.

»Ich mache einen Youtube-Channel auf«, sagte der Kleine nach langem Nachdenken. Bravo! Und was ist die Idee? »Ich ziehe mein Shirt aus!« Stolz zeigte er mir seinen Instagram-Account mit achttausend Followern, denen er fast schon manisch sein Sixpack zeigte.

Ich würde nie erfahren, was die beiden wirklich suchten. Gut, ich lernte sie besser kennen, sie zeigten mir alte Fotos, erzählten von ihren Familien. »Willst du deine Mutter nachholen?«, fragte ich den Kleinen einmal. »Ach, sie ist schon sehr alt und kann nicht mehr reisen.« Wie alt ist sie denn? »Über fünfzig!«

Autsch!

Einmal half ich ihm, ein paar Euro via Western Union an die alte Mutter in Aleppo zu überweisen. Drei Tage später kam das Geld zurück, die Bank war wegen der Bombenangriffe geschlossen worden. Der Große, mutterlos, verstritten mit dem Vater und nur mit seiner Schwester in Kontakt, war ein wackeliger Asylkandidat, weil er nicht aus einem Kriegsland kam. Er wusste, dass er gemeinsam mit dem Kleinen bessere Chancen hatte als ohne. Der Kleine war eine Frohnatur, aber er hatte die Hosen an. Manchmal markierte er seinen Besitzstand mit Knutschflecken.

»Your little troublemakers« nannten sie sich zum Abschied, als sie zurück nach Thüringen zogen, wo ihnen der Verein eine gemeinsame Wohnung besorgt hatte, und schenkten mir ein Bastkörbchen mit drei teuren Flaschen Rotwein. Statt mich zu freuen, schimpfte ich: »Wisst ihr eigentlich, wer dieses hässliche Scheißkörbchen bezahlt? Ich!« Die Erleichterung, dass ich mich nun wieder auf mein eigenes Leben konzentrieren konnte, blieb aus. Im Gegenteil, ich fühlte alle Symptome von Liebeskummer.

Inzwischen leben beide in Berlin, haben Deutsch gelernt, sich getrennt, und jeder von ihnen hat Arbeit gefunden.

Zum Großen habe ich den Kontakt verloren. Der Kleine wendet sich oft an mich. Ich bin für ihn da, wenn er sich alleingelassen fühlt, aber ich bin nicht mehr verantwortlich für sein Leben. Er ruft mich an, wenn ihm das Telefon geklaut wurde. Wenn er seine Betriebskostenabrechnung nicht versteht. Wenn er einen Brief schreiben muss. Wenn er Liebeskummer hat. Wenn er ins Krankenhaus muss. Er nimmt kein Geld von mir, da hat er seinen Stolz. Er nennt mich immer noch »Klein Mutti«. Er gehört jetzt zu meinem Leben.

FUTSCHIKATO II

Korrekturlesung meiner Patientenverfügung mit
Rechtsanwalt Axel Foerster

EB: Wir fangen mal von vorne an. Diesen Satz, in dem steht, dass ich mich durch den Suizid meines Mannes verlassen fühle, möchte ich gern streichen. Das geht keinen was an.

AF: Das hatten Sie in unserem Gespräch genauso gesagt.

EB: Ja, zu Ihnen. Es ist mir aber peinlich, wenn das in meiner Patientenverfügung steht.

AF: Deswegen sitzen wir ja jetzt noch mal hier.

EB: Auf Seite zwei, »Ich bin in der Kür meines Lebens«, auch raus.

AF: Soll nur stehen bleiben: »Es gibt kein Ereignis, das ich unbedingt noch erleben wollte«?

EB: Nee, das auch weg. Da soll nur stehen: »… blablabla kann mir ein sinnvolles Leben nicht vorstellen.« So, Sterbeprozess kann bleiben, hier hab ich noch eine Frage: »Ich möchte nicht in Einsamkeit sterben, sondern im Kreis von engsten Freunden und Verwandten.« Hab ich das wirklich so gesagt?

AF: Es ist irrelevant, was Sie vor sechs Monaten gesagt haben, es ist nur wichtig, was Sie jetzt darüber denken.

EB: Weglassen.

AF: Beim Sterbeprozess, so er nicht spontan passiert, wird sich vonseiten der Ärzte immer die Frage stellen: Alleine oder nicht? Es wäre schön, wenn das bekannt wäre.

EB: Ich sage ja nicht »soll eine überarbeitete Pflegekraft stundenlang daneben sitzen und Händchen halten«, sondern ich sage hier in dieser Variante: »meine engsten Freunde und Verwandten«. Ich glaube aber nicht, dass meine engsten Verwandten da scharf drauf sind, und meine engsten Freunde … das ist zweideutig. Es gibt vielleicht Menschen, die sich da angesprochen fühlen, die ich aber nicht meine.

AF: Also, dann schreibe ich jetzt: »Mein Sterbeprozess sollte schnell und schmerzfrei sein.«

EB: Gut. Wobei, hat da schon mal jemand in der Patientenverfügung »langsam und qualvoll« geschrieben?

AF: Das natürlich nicht, aber wir müssen berücksichtigen, Sie sind immer in der Erklärpflicht … *(liest vor:)* »Es wäre schön, das Sterben bei vollem Bewusstsein erleben zu können.«

EB: Den Satz verstehe ich zum Beispiel auch nicht. Inwiefern schön?

AF: Wir können alternativ auch schreiben »Ich wünsche …« Beispiel: Sie liegen im Sterbeprozess, haben nicht genügend getrunken. und wenn Sie nicht genügend trinken, geht das Bewusstsein weg. Und jetzt steht der Arzt vor der Frage subkutane Injektion oder nicht. Da kommt dann eine Kanüle unter die Haut, und es wird Kochsalz reingespritzt.

EB: Wollen wir das?

AF: So wie ich Sie verstanden habe, nicht. *(schreibt)*

EB: Die Patientenverfügung wird immer länger. Hoffentlich nimmt sich nachher jemand Zeit, sie zu lesen.

AF: Je kürzer, desto…

EB: … präziser.

AF: … oberflächlicher.

EB: Echt? Und was machen wir jetzt mit der Formulierung »einsam sterben«?

AF: Da ist die Frage, wie wichtig Ihnen Einsamkeit ist.

EB: Da müssen wir Einsamkeit erst mal definieren.

AF: Wenn Sie allein im Zimmer liegen.

EB: Das ist für mich Alleinsein. Einsamkeit ist, wenn ich darunter leide.

AF: Also wenn wir wirklich schreiben, Sie wollen im Sterben allein sein … stellen Sie sich bitte mal vor, Sie sind im Krankenzimmer allein, und ab und zu guckt mal eine Pflegekraft rein. Das war's. Hat das was Beruhigendes oder Beängstigendes für Sie?

EB: Hm. Es wär vermutlich besser, wenn da jemand säße.

AF: Was müsste das für eine Person sein?

EB: Jemand, der oder die das will. Jemand, der oder die damit umgehen kann, unverklemmt mit dem Thema. Niemand aus der verlogenen Das-wird-schon-wieder-Fraktion. Eine Hospizbegleiterin vielleicht.

AF: Vielleicht kann man das genauso schreiben.

EB: Aber ich will niemanden vor den Kopf stoßen.

AF: Es ist Ihr Tod!

EB: Gut, aber die Frage ist ja auch, wann findet er statt? Morgen oder in dreißig Jahren?

AF: Sorgen Sie immer dafür, dass es eine aktuelle Fassung der Patientenverfügung gibt. Ich bescheinige nachher nur, dass wir hier zusammengesessen und diskutiert haben. Das hier, das sind nachher nur Worte!

EB: Aber Worte sind alles, was ich hab!

AF: Gut, dann schreiben wir: »Wenn ich daran denke, im Sterben alleine zu sein, ist das für mich nicht mit Angst verbunden.«

EB: Ja, das ist gut.

AF: Sie haben vorhin gesagt: »… umgeben von Menschen, die eine Beziehung zu mir haben«, soll ich das so formulieren?

EB: Nee. Auch jemand, der mich hasst, hat eine Beziehung zu mir.

AF: Okay … positive Beziehung.

EB: Nahestehende Menschen vielleicht?

AF: Ja. »Nahestehende Menschen, die mit dem Tod umgehen können, dürfen mich aber gerne begleiten.«

EB: Gut. So, jetzt kommt: »Vor dem Tod habe ich keine Angst. Er gehört zum Leben und ist für mich ein Neuanfang, kein Ende.« Das ist ziemlich privat. Ich meine, für wen außer mir ist das wichtig?

AF: Es bewertet auch das Lebensende. Weil dahinter noch was für Sie ist.

EB: Ach, Sie meinen, es entlastet die Sterbebegleiter? Gut, dann lassen wir's drin. Jetzt werden die Sachen aufgezählt, die ich für »unerträglich« halte. Das Wort »unerträglich« ist recht ungenau. Und hier steht: »Solches würde mich depressiv machen.« Das finde ich hypothetisch.

AF: Man weiß es nicht. Wo geht für Sie Leiden los?

EB: Wenn mir was wehtut.

AF: … genau. Schmerzen zu haben.

EB: Trotzdem: Können wir das »Solches würde mich depressiv machen« rausnehmen? Auch aus stilistischen Gründen?

AF: Das können wir nicht nur, das machen wir jetzt.

EB: Und hier: Ist nicht »abhängig« und »ausgeliefert« dasselbe?

AF: Nein, das sind zwei unterschiedliche Sachen.

EB: Na, dann. Der Rest kann bleiben. So, Seite zwei, da steht ja dann die aktive Sterbehilfe drin. Ich möchte die Möglichkeit haben, das Essen zu verweigern. Wir haben im Pflegeheim die Bewohner immer ausgetrickst, damit sie doch den Mund aufmachen. Und dann – bumm – Löffel rein!

AF: Dafür ist die Patientenverfügung ja da. Sie möchten das nicht.

EB: Seite drei kommt jetzt die Organentnahme. Der hatte ich ursprünglich nicht zugestimmt. Ich kann aber nach meiner Transplantation nicht mehr, wie in der alten Fassung, sagen, ich will abgeschaltet werden und meine Organe nicht spenden, wenn ich in meinem Leben auf anderer Leute Organe, also in meinem Fall Gewebe, angewiesen war. So was ist ja keine Einbahnstraße. Können Sie mir mal erklären, was genau sich ändert, technisch, wenn ich das »nicht« in »Einer Organentnahme stimme ich nicht zu« durchstreiche?

AF: Bei der Organspende ist es so, dass die Ärzte, wenn sie den Tod festgestellt haben, nachschauen, ob Sie Organspender sind und ob da noch was Taugliches dabei ist, das sie dann an Eurotransplant melden. Sie sind dann hirntot, die Herz-Kreislauf-Maschine wird aber noch betrieben.

EB: Wie lange denn?

AF: Der Prozess kann nicht ewig fortgeführt werden. Wenn also zum Beispiel die Leber noch entnommen wird, wird danach die Maschine ausgeschaltet. Dann sind Sie das, was Sie vorher schon waren: tot.

EB: Schreiben Sie noch rein »siehe Organspende-Ausweiskopie«: Das Häkchen ist bei »unbeschränkte Organentnahme«.

AF: »Einer Organspende und der damit untrennbar verbundenen Lebensverlängerung stimme ich zu.«

EB: Aber nicht so lange.

AF: Dann schreiben wir rein: »längstens aber eine Woche«.

EB: Prima!

WAHNSINN UND METAMORPHOSE

(sich selbst wie eine Zwiebel schälen)

Ursprünglich war mir ein reguläres Menschenleben zugewiesen. Umzug, Krankheit, frühe prägende Erfahrungen haben die mir zugedachte energetische Hülle abgestreift und stattdessen etwas wachsen lassen, das man ein charakterliches Designerstück nennen könnte: meine neue Haut. Diese Haut wächst mit, dehnt sich, schnurrt zusammen, ist gegen alle Anfechtungen und Anfeindungen gewappnet, sie hat inzwischen Flecken und Flicken, und sie hat diverse Stahlbäder genommen. In der Wahrnehmung anderer ändert sie ständig Farbe und Form. Sie kann als Kriegergewand erscheinen, als Rüstung, die abwechselnd funkelt und rostet, als Büßerhemd oder als Siegerrobe. Sie ist, wie Sailor in *Wild at Heart* über seine Schlangenlederjacke sagt, »ein Symbol meiner Individualität und meines Glaubens an persönliche Freiheit«.

Die Einsicht, in jeder Konstellation (Familie, romantische Liebe, berufliches Engagement, Wohltätigkeit) letztlich allein zu sein, im innersten Kern allein, hat nur im ersten Moment etwas Verstörendes, später kehrt sich das ins Gegenteil um, und der Frieden mit dem So-geworden-Sein bekommt etwas Tröstliches, das unkaputtbar macht. Dann aber, lüge ich mir selbst in die Tasche? Wo hole ich mir den »Glanz in den Augen der Mutter«?

Es gibt eine Geschichte, die ich ins Leserepertoire meiner Deutschnachhilfestunden für syrische Jugendliche aufgenommen habe. Sie handelt von einem jungen Mann, der auf dem Marktplatz steht und mit seinem makellosen Herz prahlt. Alle bestaunen es, nur ein alter Mann ruft: »Meins ist schöner.« Dabei ist sein Herz voller Narben und Flicken und Fransen und Löcher.

Das soll ein schönes Herz sein? »Ja«, sagt der alte Mann, »wenn ich jemanden liebe, reiße ich ein Stück meines Herzens heraus, manchmal kriege ich dafür auch ein Stück seines oder ihres Herzens. Die Narben und die Fransen erinnern mich an die Liebe, die wir teilten.«

Der junge Mann versteht und weint. Er greift nach seinem perfekten Herzen, reißt ein Stück heraus und bietet es dem alten Mann an. Der nimmt es, setzt es in sein Herz, reißt ein Stück von seinem heraus und füllt damit die Wunde im Herzen des jungen Mannes. Es passt nicht perfekt, aber der junge Mann spürt, wie die Liebe des alten Mannes in sein Herz fließt, und findet sein Herz schöner als je zuvor.

Ich lebe anders als die meisten Menschen, die ich kenne. Ich schlafe gern allein, ich esse gern allein, ich gehe gern allein ins Kino. Ich liebe es, in Zügen und auf Bahnhöfen zu sitzen, unter Fremden, die leben und atmen und mich ansonsten in Ruhe lassen. Ich besitze keine Haustiere oder Pflanzen. Den meisten meiner Lebensmenschen fühle ich mich näher, wenn ich ihnen schreibe, nicht, wenn ich ihnen gegenübersitze. Es gibt zum Zeitpunkt der Entstehung dieses Buches aufregende neue Freundschaften und einige wenige gewachsene alte, aber es gibt niemanden, dem ich hundertprozentig vertraue. Inklusive meiner Therapeutin.

Mein Hang dazu, mich kurzentschlossen zu melden, wenn jemand in Not ist, mag damit zu tun haben, aber auch mein nahtloses Herausgehen aus der Situation, sobald der Akku leer ist und der Helferhunger gestillt. Wenn ich lichterloh brenne, sei es aus Mitgefühl, aus Zorn, aus Enthusiasmus, halten manche die Hitze nicht aus, andere erwärmen sich daran. Häufig erhöhe ich mit meinem saugenden Blick die Oberflächentemperatur derer, auf die ich ihn hefte.

Diagnostisch wurden verschiedentlich Vermutungen angestellt. Persönlichkeitsstörung, ja klar, aber welche? Ein leichter Asperger? Borderline? Hochsensibilität? Traumatisierung? Der Schlüssel sei meine »leichte Entflammbarkeit vorm Hintergrund meiner Krankheit«, sagte jemand, der hier nicht genannt werden will.

Zweifelsfrei muss ich meiner Lebenskrankheit dankbar sein, weil sie alle großen Bewegungen in meinem Leben initiiert hat: das Einwühlen und Einfühlen und Türdurchschreiten in die Welt der Kranken (und zurück), in die Welt des Glaubens (und zurück), in die Welt der Schönen und Reichen (und zurück), in die Welt der Lust (und zurück).

Aber dann will ich auch ein guter Mensch sein. Das will ich doch? Aber warum? Und überhaupt, was ist das? Ein guter Mensch, was soll das sein? Was bedeutet in dem Zusammenhang gut? Gut im Menschsein, ja, das vielleicht, maximal intensiv im Menschsein – das hat mit dem, was wir für Güte halten, nichts zu tun.

Je länger ich lebe und Beziehungen eingehe, desto mehr verankert sich in mir der Eindruck, dass ich gefährlich lebe, vielleicht sogar, dass ich ein gefährlicher Mensch bin, als Mutter, als Tochter, als Partnerin, als Freundin. Ich locke die, die mir begegnen, in emotionale Randgebiete, ich zwinge sie, ihrer größten Angst zu begegnen. Ich werfe sie in die Strudel ihres Unbewussten.

Ach du Scheiße, ich bin Orwells Zimmer 101.

VERTREIBUNG AUS DEM PARADIES

Werden alle Menschen Brüder?

Es gibt Themen, über die ich ungern nachdenke. Aber jetzt, wo ein kaltblütig geplantes Buch zum lebenden Organismus wird, muss ich über diese Themen nicht nur nachdenken, ich muss Dinge auch erstmals denken, erstmals fühlen, erstmals sagen. Der Suizid meines Mannes gehört dazu. Dass ich auf das Sorgerecht meiner Tochter verzichtete. Und meine Herkunft. Ich verleugne sie nicht, nein, schlimmer: Ich ironisiere sie. Wann immer ich nach der verlorenen Kindheit taste, kommt es mir vor, als fiele ich durch einen Riss im Raum-Zeit-Gefüge direkt in Anekdoten Dritter. Ich bin nicht verbunden mit meinen Erinnerungen. Kommt jedoch eine zurück, dann erinnern sich Eltern, Kindheitsfreunde, Lehrer gar nicht oder ganz anders daran. Gleichzeitig werden in anderer Leute Köpfe Erinnerungen aufbewahrt, durch die ich irrlichtere und die ich, wenn sie mir erzählt werden, mit dem Kopfschütteln einer Fremden zur Kenntnis nehme. Es ist, als sei ich durch Plexiglas von meiner Vergangenheit getrennt, als stünde mein Leben in einer Museumsvitrine.

Was ich noch weiß: Ich war, was man einen »gelernten DDR-Bürger« nannte. Die DDR war mein Stern. Meine Helden hießen Sigmund Jähn, Luis Corvalán, Pawel Kortschagin. Ich sammelte Altpapier, machte Subbotniks und rief, wenn mich jemand nach meinem Geburtsdatum fragte: »Einen Tag vorm Pioniergeburtstag!«

Einmal, in den Sommerferien, riss mein Opa Wilhelm mein *Kommunistisches Manifest* in Stücke. Das war eine erste Irritation, wie zu Beginn des Films *Die Truman Show*, wenn sich ein Scheinwerfer vom Kunsthimmel löst und auf den Boden der Scheinwelt kracht.

Mehr als fünfzig Jahre lang habe ich meinen Lebenslauf genauso erzählt, wie ich ihn Schmidbauer in der Speedanalyse erzählte. Als hätte mein Leben erst mit fünfzehn begonnen, in dem Moment, wo ich, wie C. G. Jung es nannte, aus dem Nebel heraustrat. Zeitgleich aber, das weiß ich jetzt, war genau dieser Moment die Vertreibung aus dem Paradies. Bis dahin war ich eine Schlafende gewesen, ein Kugelmensch, ein reiner Tor, erst das Erkennen und Formulieren des Widerspruchs hat mich gespalten.

Ich befrage Annette Simon dazu, Psychoanalytikerin und Autorin des Buchs *Versuch, mir und anderen die ostdeutsche Moral zu erklären.*

EB: Ich habe Wolfgang Schmidbauer, der vor über vierzig Jahren über das Helfersyndrom schrieb, um eine Diagnose anhand meines Lebenslaufs gebeten. Um mein Aufwachsen in der DDR ging es aber nicht. Darauf war ich zum Zeitpunkt des Interviews noch gar nicht gekommen. Schmidbauer sagt, dass ein Helfersyndrom vorliegt, wenn der Helfende sich moralisch erhaben fühlt. Und in der DDR waren wir ja angeblich die besseren Menschen wie in dem Gedicht von Johannes R. Becher.

Ein Mensch wie du, ich hab von dir gelesen
In Büchern einst und glaubte nicht an dich

Ein solcher Mensch ist unser gutes Wesen
Ein Mensch wie du und nicht ein Mensch wie ich.

AS: Sie wurden vermutlich stark geprägt durch Ihre Eltern…

EB: …und meine Lehrer. Meine Frage ist jetzt: Warum bin ich geworden, wie ich bin, und was hat Sozialismus damit zu tun?

AS: Das ist eine schwierige Frage, die Antwort ist individuell verschieden. In erster Linie hat das mit dem Elternhaus zu tun. Man kann sich das vorstellen wie eine religiöse Erziehung.

EB: Sozialistisch orthodox?

AS: Wenn Sie so wollen. Wenn die Eltern sehr beharrend und stark strafend oder lobend waren, dann haben Sie das auch stark angenommen, haben sich total damit identifiziert und ab einem bestimmten Zeitpunkt dagegen opponiert.

EB: Ich kam auf die EOS, traf Menschen mit anderen Gesinnungen und trat aus der sozialistischen orthodoxen Kirche aus, um bei Ihrem Bild zu bleiben. Alles, was ich für richtig gehalten hatte, schien plötzlich falsch. Und andersrum.

AS: Ich glaube, dass eine sozialistische Erziehung sehr prägend ist und dass man dann eine Gegenabhängigkeit entwickeln kann, also dass man gerade, weil man das alles so eingeflößt gekriegt hat, immer dagegen angeht. Sich wirklich davon zu lösen, eine eigene Mitte zu finden, ist schwer.

EB: Schmidbauer sagte, das sei auch typisch für das Helfersyndrom, temporäre Abhängigkeitsbeziehungen, wie meine ehrenamtlichen Tätigkeiten. Hat das was mit der Abhängigkeit und der Gegenabhängigkeit, von der Sie sprechen, zu tun? Kann ich mich nicht dauerhaft und auf Augenhöhe auf jemanden einlassen, solange ich keine eigene Mitte finde? Und wenn ja, wie finde ich die?

AS: Geht es darum, dass Sie durch das Buch eine Art Selbsterkenntnisprozess einleiten wollen?

EB: Ich möchte neue Fehler machen! Nicht die alten. Zum Beispiel will ich herausfinden, warum ich manchmal einfach rausgehe aus ganz wichtigen Beziehungen. Normal ist das nicht, oder?

AS: Ja, was ist Normalität? Da hab ich schon lange keine Meinung mehr. Sie erscheinen mir kraftvoll, sensibel und klug. Aber gleichzeitig gibt es etwas, was auch zerstörerisch ist, wo Sie plötzlich losgelassen haben, weil etwas nicht mehr ging. Da müsste man jetzt therapeutisch ganz genau draufgucken, aber das geht in der Kürze der Zeit nicht.

EB: Ich setze mich permanent damit auseinander, eine schlechte Tochter, eine schlechte Ehefrau, eine schlechte Mutter gewesen zu sein.

AS: Ja, bei Ihnen hab ich das Gefühl, Sie müssen sich erst mal verzeihen. Und ehrlich sein, zu sich und zu einem Therapeuten, ohne Ehrlichkeit kann man Selbsterkenntnis nicht erlangen. Suchen Sie. Schreiben Sie. Setzen Sie das Mosaik zusammen.

EB: »... hinterm Helfersyndrom geht's weiter ...«

AS: Genau.

WOHLAN DENN, HERZ,
NIMM ABSCHIED UND GESUNDE!

Eine Meditation

Wir sollen von unseren Stühlen aufstehen. Wir sollen die Augen schließen. Wir sollen uns einen Menschen vorstellen, den wir lieben.

Sein Bild soll vor unserem inneren Auge erscheinen, egal ob dieser Mensch, den wir lieben, noch lebt oder nicht. Wir sollen versuchen, uns genau zu erinnern, an seine/ihre Gestalt, seinen/ihren Geruch, an jede Mimikfalte im Gesicht, an die Art, wie er/sie die Schultern hält, seine/ihre Haltung, sein/ihr Lächeln. Das Bild meiner Großmutter formt sich wie ein Widerschein.

Wir sollen uns vorstellen, dass wir den Arm voller Rosen haben, frische, langstielige, junge Rosen in einer Farbe unserer Wahl. Die Rosen piksen in meinen geöffneten Armen, sie sind schwer zu bändigen, sie sind schwer zu halten, ihre Dornen bohren sich in meine Unterarme, ich muss mich recken, um über sie hinwegzusehen.

Wir sollen nun die Rosen der Person, die wir uns vorstellen, reichen, und ich gehe einen Schritt auf meine Großmutter zu, die klein und weißhaarig und erwartungsfroh vor mir steht, mit ihrem lieben frisch eingecremten Gesicht, und als ich ihr die Rosen reichen will, merke ich, dass ich sie auf die Brust meines toten Mannes lege, und ich erschrecke und lasse sie fallen, und sie liegen überall, auf ihm, auf meinen nackten Füßen. Im Gras. Überall ist jetzt Gras, und die Rosenstiele bohren sich in das Gras, erheben sich majestätisch aus dem Gras. Es ist seine Lieblingsrose, die gelb-orange Gloria Dei. »Eine Edelrose in die Wiese, das wird nix«, hat er gesagt. Aber es wurde was, und er betrachtet jeden Tag die Rosen, und sie dufteten herrlich. Der Duft ist jetzt so stark, dass mir schwindelig wird.

Er rezitiert sein Lieblingsgedicht von Benn:

Langsame Tage. Alles überwunden.
Und fragst du nicht, ob Ende, ob Beginn,
dann tragen dich vielleicht die Stunden
noch bis zum Juni mit den Rosen hin.

Wir sollen die Meditation noch nachklingen lassen, die Augen noch geschlossen lassen und uns fragen, wofür wir dankbar sind am heutigen Tage. Und genau diese Meditation ist es, für die ich heute dankbar bin.

UNTRENNBAR VON DER FRAGILITÄT

Über ein gelingendes Menschenleben

Die amerikanische Philosophin Martha Nussbaum beschäftigt sich damit, wie ein gutes, ein gelingendes Menschenleben aussehen soll. Sie sagt, dass das Gutseinwollen immer auch das Risiko der moralischen Zerstörung in sich birgt:

»Ein guter Mensch zu sein bedeutet eine Art von Offenheit der Welt gegenüber, eine Fähigkeit, unsicheren Dingen zu trauen, jenseits der eigenen Kontrolle. Das kann dazu führen, dass du zerbrichst in sehr extremen Umständen, für die du nicht verantwortlich bist. Das sagt etwas sehr Wichtiges aus über die menschliche Bedingung des ethischen Lebens: es basiert auf Vertrauen ins Unsichere und auf einem Willen, sich auszusetzen, es heißt, mehr wie eine Pflanze zu sein als wie ein Juwel, etwas eher Fragiles, dessen spezielle Schönheit untrennbar von der Fragilität ist.«

»Wer aber sagt: Ich lebe nur für mein eigenes Wohlergehen, für meine eigene Rache, für meinen eigenen Ärger, ich werde einfach kein Mitglied der Gesellschaft mehr sein, der sagt: Ich werde kein Mensch mehr sein.«

Ich habe diverse Spuren auf diesem Planeten hinterlassen, und der Planet hat diverse Spuren auf mir hinterlassen. Der feste Todeswunsch meines Ehemanns, dieses entsetzliche Ringen, der Streit und der Kampf, das Hin-und-hergerissen-Sein zwischen meinem fast schon militärisch durchgezogenen Glücksprogramm, das ich ihm als Alternative präsentierte, und seinem Wunsch, bei der illegalen Beschaffung von Natrium-Pentobarbital zu assistieren, seiner Dauerfantasie, mich mit ihm gemeinsam zu töten, haben dafür gesorgt, dass ich mich seit jenem Schuss, der seinen Schädel zerriss, wie eine Tote auf Urlaub fühle, außerstande, mein Herz jemals wieder an jemanden zu hängen. Ich fürchte mich davor, mich in der Achselhöhle eines anderen Menschen zu vergraben, darauf hoffend, dass er alles schön macht.

DAS VERDUTZTE ICH

Gespräch mit Prof. Dr. Hugo Schmale

EB: Dem *Tagesspiegel* erzählten Sie die Geschichte aus Ihrer Studentenzeit, wie eine Opernsängerin an Ihrer Tür klingelt und sagt: »Herr Schmale, mir ist so schlecht« – und Sie verlieben sich. Ist das ein Helfersyndrom?
HS: Die Wirklichkeit ist eine Mischung aus vielen Dingen und Einflüssen. Eine meiner Tanten war Opernsängerin. Ich hab Gesang schon vor der Geburt gehört. Das steckte mit drin. Diese Frau, die ich später heiratete, war zudem Jüdin, eine Verkörperung an Schelm und Witz und Komik. Und ich bin erzogen worden in einem Nazicamp. Da hat man mir erzählt, dass ich später mal Ortsgruppenleiter von Nowosibirsk werden würde. Nach dem Krieg hab ich mir die Bücher besorgt, die von den Nazis verbrannt worden waren. Und um jetzt auf die Frage des Helfersyndroms zu kommen: Sie klingelte, sagte: »Mir ist so schlecht«, dann kam sie in die Klinik, es wurde Krebs festgestellt, und es hieß: Wer kümmert sich? Und da war ich glücklich zu sagen: Ich.

EB: Wenn man so schnell mit dem Hilfsangebot da ist, dann ist das …

HS: … nicht nur Liebe.

EB: … auch Helfersyndrom.

HS: Helfersyndrom! Das Wort zeigt die Schrecklichkeit der psychiatrischen Nomenklatur.

EB: Wir brauchen doch Begriffe als Vehikel, sonst ist keine Verständigung möglich.

HS: Im Prinzip ja, bei Alltäglichem, zur Kommunikation. Aber viel wichtiger: Sprache konstruiert Wirklichkeit.

EB: Ich bin manchmal behilflich bei meiner eigenen Pathologisierung und sage gleich, ich hab ein Helfersyndrom, damit sich die, die niemandem helfen, gesund fühlen können.

HS: Genau, wir haben Sprache, um uns die weltliche Realität zurechtzureden.

EB: Wenn ich von meinem Helfersyndrom spreche, belüge ich mich also? Möchte ich mich mit dieser Diagnose aufwerten?

HS: Es gibt eine innere, psychische Realität, und vor der haben wir Angst. Um diese Angst zu binden, machen wir uns eine Realität da draußen. An die glauben wir gern, weil das ein Gefühl von Sicherheit gibt.

EB: Brad Blanton, der Vater von *Radical Honesty*, dessen Buch ich lese, weil ich an einem seiner Workshops teilgenommen habe, sagt: Wir alle lügen wie gedruckt. Wir lügen den ganzen Tag. Wir lügen in unseren Beziehungen.

HS: Um mit Lacan zu reden: Die Wahrheit lässt sich nur halb sagen.

EB: Aber es gibt etwas, das wir Wahrheit nennen.

HS: Ja, als Wort, natürlich, aber nicht zugleich eine bestimmte Tatsache, wofür es steht. Besser: es gibt die Notwendigkeit, die Wahrheit zu denken oder zu fühlen, seelisch-geistig, um einen Halt zu haben, ein Gefühl von Sicherheit und Ordnung …

EB: Manche Menschenbegegnungen fühlen sich wahrhaftig an. Ich spreche von der inneren Wahrheit der Gesten, der Blicke, des Moments.

HS: Das ist vielleicht Ihr Credo: wahrhaftig sein. Dazu brauchen Sie nicht den Begriff der absoluten Wahrheit. Genügt nicht der Glaube, etwas für wahr zu halten?

EB: Ich fühle mich unwohl bei diesem Gedanken.

HS: Kennen Sie den borromäischen Knoten?

EB: Sagen wir, ich kenne den Trinity-Ring von Cartier.

HS: Der borromäische Knoten besteht aus drei Ringen, die so miteinander verknüpft sind, dass sie nur zu dritt zusammenhalten. Löst sich ein Ring, lösen sich alle. Das ist ein Bild für die drei Elemente, die unser Seelenleben ausmachen. Keines dieser Elemente darf fehlen: Das ist erstens unser Empfinden, das Imaginäre. Dazu kommt – zweitens – die Sprache. Die Empfindung liegt ja vor der Wahrnehmung.

EB: Ach so, erst wenn ich der Empfindung einen Namen gebe, habe ich …

HS: … sie wahrgenommen. Ja. Und deswegen ist es notwendig, dass ich spreche, dass ich sage: Das ist Liebe und das ist Wahrheit und so weiter.

EB: Ich denke, Sie lehnen das ab? Ich denke, auf der Ebene wollen Sie sich gar nicht unterhalten?

HS: Nee, das ist nicht wahr! Ich lehne nicht die Begriffe ab. Aber ich muss nun noch sagen, dass der dritte Ring dazukommen muss, das Reale, die seelische Realität. Es ist nämlich Tatsache, dass eine eindeutige und allumfassend stimmige Übersetzung von Empfindungen in Wörter nicht möglich ist, dass da immer ein Rest übrig bleibt. Und dieser Rest ist notwendig, wenn wir von Seelenleben reden wollen.

EB: Wollen wir!

HS: Dann verabschieden Sie sich von der Vorstellung einer absoluten Wahrheit. Wenn ich keine Sinne habe, funktioniert Psyche nicht, wenn ich keine Sprache habe, funktioniert Psyche nicht, wenn ich eine Eins-zu-eins-Beziehung von Sprache und Sinn habe, würde Psyche auch nicht funktionieren. Die Psyche besteht aus wesentlichen Unbestimmbarkeiten in Dreiecksbezügen des borromäischen Knotens!

EB: Aber ich möchte rausfinden, was die Welt im Innersten zusammenhält!

HS: Das ist Blödsinn.

EB: Na gut, ich will ja nicht verbissen sein.

HS: Doch, wollen Sie! Wenn Sie in dieser Form von »Ich« und »Welt« sprechen, glauben Sie an ein autonomes Subjekt und eine objektiv wahrnehmbare Welt. Aber Sie müssen sich und die Welt so betrachten: Alles was Sie erleben, empfinden, hören, sind Ketten von Signifikanten. Ein unendliches Netz an Wörtern, Objekten, Beziehungen. Diese verweisen aber nicht auf »real« existierende Dinge und Vorstellungen, sondern auf andere Signifikanten. Dieses Bedeutungsgeflecht ist unsere Welt. So konstruieren wir Wirklichkeit, und mit dieser konstitutiven Verknüpfung müssen Sie leben. Sie können den borromäischen Knoten nicht lösen.

EB: Leben Sie eigentlich nur in Ihrem Kopf?

HS: Nein. Natürlich nicht. Aber der Mensch, der nicht auch abstrakt denkt, ist fremdbestimmt.

EB: Ich bin im Moment in einer Phase, wo ich meinen eigenen Worten misstraue und weg will aus der Wortspirale.

HS: Müssen Sie auch!

EB: Ja?

HS: … den Worten misstrauen. Denn wenn Sie den Zweifel nicht mehr hätten, wäre alles Routine.

EB: Ich würde mich gern mal ohne Worte ausdrücken.

HS: Ja! Das würde ich Ihnen auch wünschen. Die Tatsache, dass uns etwas entgegenkommt, ist notwendig, denn Kraft ist nur definiert durch ne Gegenkraft. Aber ihr dann einen Namen zu geben, Kraft der Liebe, Kraft der Vernunft, da wird's gruselig.

EB: Die Kraft der Liebe ist gruselig?

HS: Liebe ist ne wunderschöne Sache, aber sie lebt nicht vom Sagen und einer eingleisigen Entscheidung. Wenn Worte wie »Ich liebe dich« fließen, ist bei A, B und C jeweils was anderes gemeint. Deswegen heißt es ja bei Schiller: »Wenn die Seele spricht, ach, spricht die Seele schon nicht mehr.«

EB: Sollen wir's also lassen?

HS: Nee, eben nicht. Wir sollen ja lieben, wir sollten nur nicht so viele Worte darum machen. Das Wort ist der Tod der Sache.

EB: Es gibt diese Sehnsucht nach Wahrheit, genau wie es die Sehnsucht nach romantischer Liebe gibt, in der man sich letztlich vergeudet.

HS: Ja, aber Vergeudung ist ja auch ganz schön. Vergeudung ist sogar notwendig, der Kreativität verfemter Teil, sagt Georges Bataille.

EB: Warum schreiben Sie nicht das Buch über Liebe, das man von Ihnen erwartet und für das Sie unter anderen ja als Erfinder des Parship-Algorithmus qualifiziert sind?

HS: Es gibt zweihundert, dreihundert Ratgeber zum Thema Liebe. Das ist alles so grausam. Die vielen Worte reden das weg, was als Liebe gelten könnte. Das ist die Gefahr. Da muss man Sprache brechen, wie Sie, deswegen müssen Sie es schreiben. Bei Ihnen kann ich mich als Leser nicht auf Vorgedachtes verlassen. Ich werde im Unbewussten getroffen, im Es. Das auf Anpassung gebaute Ich ist verdutzt.

EB: Ich kann aber kein Buch über Liebe schreiben, ich bin damit grandios gescheitert. Ich war viermal verheiratet. Ich hab mal getwittert: gescheit – gescheiter – gescheitert.

HS (lacht): Ihr Scheitern wäre nur ein Scheitern durch eine bürgerliche Brille.

EB: Erklären Sie dem geneigten Leser, warum sich alle elf Minuten ein Single bei Parship verliebt. So würde ich reingehen …

HS: … um den Werbeslogan dann zu durchlöchern. Das können Sie besser als ich. Das ist wie beim Wort »Helfersyndrom«, das ist eine Fragmentierung des Sinns durch einen Begriff.

EB: An solchen Begriffen kann man sich gut langhangeln. Ich stelle zum Beispiel in diesem Buch die These auf, dass es einen Zusammenhang gibt zwischen Sexualität und Helfersyndrom. Wenn einer denkt, dass er impotent ist, na, da helf ich doch gern.

HS: Das ist kein Helfersyndrom, das ist unsere Umkehr-brille: Durch Störung herausbringen, dass und wie etwas funktioniert.

EB: Was meinen Sie?

HS: Nach dem Homöostase-Prinzip strebt Leben immer nach Gleichgewicht. Es ist die Störung, die uns bewegt, nicht die Sättigung. Der volle Bauch studiert nicht gern.

EB: Jedenfalls sagt die Sexologin, die ich interviewte, das ehrenamtliche Arbeiten sei möglicherweise meine Liebessprache.

HS: Das trifft die Sache nicht ganz, es geht Ihnen nicht ums Ehrenamt, nicht um Bezahlung, Sie machen das aus Eigensinn. Weil es nicht gelehrt wird und keiner gelernt hat. Vielleicht das, was früher einmal Altruismus genannt wurde. Ich meine, diese Zusammenhänge besser unter Nähe und Distanz einordnen zu können.

EB: Genau mein Problem. Ich will immer ganz nah ran und dann ganz weit weg.

HS: Sie müssten eine andere Ebene finden.

EB: Und wie?

HS: Suchen. Lüge und Wahrheit, Liebe und Hass, das sind ja keine wirklichen Gegensätze.

EB: Liebe und Hass ist dasselbe.

HS: Da ist bloß eine Frustration dazwischen. Aber vielleicht müsste Ihr Buch heißen: »Was meinen wir eigentlich, wenn wir sagen ›Ich liebe‹?« Ich bin begeistert von Ihrem ... das ist ja kein Stil, den Sie da haben, dann wäre er ja lehrbar. Nein, nein, das ist eine Weise des ... auch nicht des Denkens, und auch nicht des Schreibens, das ist gar nicht auf einer Ebene des Schreibens. Auch da wieder jetzt: Da ist das Denken, da ist das Schreiben, das Leben und so weiter, das sind alles verschiedene Schichten. Und dann kommt die Intuition. Die dürfen Sie in Worte zwingen. Der müssen Sie folgen. Die muss Sie führen. Tangomäßig.

EB: Ein Schriftsteller hat immer Angst, dass er es nicht mehr kann. Ich hab neulich das letzte Buch von Christa Wolf gelesen. So schlecht. Wie kann das sein, dass ihr das keiner gesagt hat? Würden Sie mir sagen: Frau Buschheuer, hören Sie auf, es ist vorbei?

HS: Allein in der Erwartung steckt schon mein gesellschaftliches Gefängnis. Da haben Sie die Notwendigkeit der Methode, ein anderes Blatt dazwischenzulegen. Dieses Problem gibt es ähnlich auch in der sogenannten Liebe. Die Qualität der Aussage »Ich liebe dich« ist nie dieselbe beim zweiten Mal.

EB: An Parship finde ich interessant, dass sich dort jeder als weltoffen, gutaussehend und tolerant anpreist. Niemand würde sagen: Ich bin verzweifelt, sehe scheiße aus und hab auch charakterlich nichts zu bieten.

HS: Genau wegen dieser sozialen Erwünschtheit geht es ja nicht, dass ich ein Interview führe, um Wünsche, Einstellungen etc. zu fassen, sondern ich lasse erzählen, das ist die Metonymie, lasse dann das Gesagte auf mich wirken und warte, bis es beginnt zu sprechen, das ist die Metapher. Nicht die Absicht, sich darzustellen, sondern das Erlebte gebrauchen, verwenden, anwenden. Also Ihre Augenkrankheit zum Beispiel, das ist ja erlebt. Aber in Ihrem Buch *Masserberg* ist mehr gesagt als nur das, da steckt ne ganze Welt drin. Sie hätten das nicht schreiben können, wenn Sie es nicht erlebt hätten. Wenn Sie da jetzt ein Tagebuch geschrieben hätten …

EB: Kommt drauf an, wie stark der innere Zensor ist. Ich hab auch schon Tagebücher belogen.

HS: Das »lügen« zu nennen ist schon zu sehr Urteil.

EB: Für mich ist ja die Lüge nicht das Gegenteil von Wahrheit, sondern von Ehrlichkeit. Manchmal in meinem Leben … I was not true to myself. Das ist Lüge.

HS: Darf ich anmerken: Lügen kann nur, wer die Wahrheit besitzt, aber – bewusst – verschweigt.

EB: Ist das Leben einfacher, wenn man lügt, oder ist man glücklicher?

HS: Das Glück ist so was Dummes, dass ich das jetzt gar nicht …

EB: … kommentiere?

HS: Doch! Ich hab Glück gehabt, wenn ich nicht die Treppe runterfalle.

EB: Wenn ich jemandem helfen kann, bin ich glücklich.

HS: Jaja, das können Sie auch gerne sein!

EB: Und das wollen Menschen permanent sein, 24/7.

HS: Aha, und wo sind Sie dann, wenn Sie nur noch in Glücksmomenten leben?

EB: Im siebten Himmel!

HS: Nee, eben nicht! Der siebte Himmel ist keine Addition von Glück. Das Erlebnis eines unbestimmbaren Glücks ist beispielsweise im Flow oder einer anderen Situation, in der ich losgelöst bin. Der Widersacher dieses Glücks ist der Wahn, einen freien Willen zu haben.

EB: Haben wir nicht?

HS: Nein! Nein! Sie sind jedenfalls reich genug, sich von

dieser Vorstellung des freien Willens beeinflussen zu lassen, ein schönes Gefühl zu haben, und wenn Sie einer Sache nicht ganz vertrauen, auf ein Gefühl von Glück zu bauen.

EB: Und trotzdem …

HS: Das Trotzdem ist wichtig! Das Schöne ist eben, dass neunzig Prozent in uns unbewusst sind. Und denen sollten wir auch vertrauen.

EB: Das ist ganz schön gruselig!

HS: Ja, Sie sagen es, SCHÖN gruselig! Kinder gehen ja ins Dunkle, um sich zu gruseln.

EB: Aber wenn der freie Wille eine Illusion ist, wer bestimmt dann mein Leben?

HS: Na, die anderen …

EB: Wer sind die anderen und was bedeutet das für mein Helfersyndrom? Wer möchte denn jetzt wem helfen?

HS: »Mein Begehren ist das Begehren des anderen«, sagt Lacan. Die anderen, das sind die unbewussten neunzig Prozent. Das ist die Welt, in die Sie hineingeboren wurden: Sprache, Umwelt, die Wünsche Ihrer Eltern, die ganze Sozialisation und so weiter. Ihr bewusstes Ich ist das Resultat der anderen. Daraus ergibt sich auch eine moralische Haltung: das Gefühl von Verpflichtetsein im Zusammenleben mit dem anderen, das Zulassen des anderen.

EB: Was wäre der Helfende, also Sie, der Sie die krebskranke Frau heiraten, ich mit meinen Obdachlosen, ohne die, denen er hilft?

HS: Moralische oder andere Implikationen werden nur angehängt, mit einer bestimmten Absicht, und sind nur aus dieser heraus relevant. Diese Absicht muss dann aber zusätzlich genannt und erklärt werden. Konkret: Ich lege keinen Wert darauf, damals ein »Helfender« gewesen zu sein. Das war ein bestimmtes Tun, das mich nicht für immer definiert. Bei Hegel geht es um Anerkennung. Bekomme ich sie nicht, sitze ich ganz schön in der Tinte.

EB: Und ich erst! Also ein Sich-Spiegeln im Bild des anderen und dadurch Vorhandensein?

HS: Das haben Sie irgendwo drauf, das haben Sie kapiert.

EB: Das Spiegeln?

HS: Dieses »ganz weit, ganz offen, ganz ernst, ganz locker … und wahnsinnig ehrlich.« Es ist gar nicht so einfach, mit dieser Ehrlichkeit zu leben, stimmt's? Sie sind ja angewiesen auf die Bahn, den Arbeitgeber, den Partner, den Arzt. Das bedeutet Anpassung. Und wie kann der Mensch in dieser Anpassung frei sein?

EB *(mehr zu sich selbst):* Tja, wie?

LIEBEN STATT LABERN

Alles unter die Präzisionslupe!

Es gibt Menschen, die verwechseln Ehrlichkeit mit Gemeinheit. Eine Schalterbeamtin zusammenzustauchen, eine Tochter zu kränken, jemandem ungebeten die Meinung hinzureiben zur neuen Frisur, das ist nicht, was Brad Blanton unter »Radical Honesty« versteht, und er ist es immerhin, der diesen Begriff prägte. Seit fast dreißig Jahren wirbt er für mehr Ehrlichkeit in der Welt, und in den vergangenen Jahren ist mir Radical Honesty immer wieder in verschiedenen Aggregatzuständen zugeweht, in Büchern, Filmen, in Erzählungen Dritter, vor einem Monat habe ich dann an einem Workshop in München teilgenommen.

Ist mein Sich-in-anderen-spiegeln-Wollen (und dadurch Vorhandensein) die Ursache für meine vier gescheiterten Ehen, für die temporären Hilfsprojekte, die ich immer wieder anzettele? Ist das Glück, das ich empfinde, wenn ich ein syrisches Mädchen ins Kino einlade, wenn ich einem Obdachlosen ein Wurstbrot reiche, wenn ich dem kleinen Mann vor Edeka mein Restgeld in die Hand gieße, eine Schimäre?

Der siebte Himmel ist keine Addition von Glück, da hat Hugo Schmale ganz recht. Es gibt ihn nicht, nicht in der Bahnhofsmission, nicht in der Flüchtlingshilfe, nicht in der trillionsten Ehe. So sieht das aus.

Seit Wochen beschäftige ich mich nun mit den philosophischen Termini, die mir Schmale hingeworfen hat: die Schrecklichkeit der psychiatrischen Nomenklatur, die Signifikantenketten, der borromäische Knoten, Unbestimmbarkeiten in Dreiecksbezügen, Homöostase, das gesellschaftliche Gefängnis, das in der Erwartung liegt, die Notwendigkeit, ein anderes Blatt dazwischenzulegen, die Metonymie, die Metapher, die Intuition. Er hat mir das Glück ausgeredet, die Liebe, die Wahrheit, den freien Willen. Er hat mich auf mein Dilemma hingewesen: Wie kann ich frei sein in der Bindung?

Und jetzt will ich ran an die Buletten, ran an die Substanz, denn, wie Blanton schreibt: »Sich dem zu stellen, was man bislang vermieden hat, führt zu intensiven Emotionen und zu einem Überschäumen der Kreativität. Diese überschäumende Kreativität ist die Quelle der Kraft, die wir brauchen, um unser Leben neu zu formen.«

Na also. Genau das will ich: Mein Leben neu formen. Auch wenn Schmale sagt, herausfinden zu wollen, was die Welt im Innersten zusammenhält, sei Blödsinn, so sagt er doch gleichzeitig, wir Menschen sollen LIEBEN – eben nur nicht dauernd drüber LABERN. Was MEINE Welt im Innersten zusammenhält, ist im Verlauf des Buches freigelegt worden, so wie im Anatomiekurs ein menschliches Muskelsystem isoliert wird.

Branton nennt alle Interpretationen von Realität »Bullshit«, und das Untersuchen eines »Helfersyndroms«, das eine Existenz eben dieses Helfersyndroms voraussetzt, was wiederum Schmale als »Schrecklichkeit der psychiatrischen Nomenklatur« verdammen würde, ist demzufolge Bullshit.

Was also ist der Kern? Der Kern ist meine Angst. Wenn ich aber zurückkomme auf das Zimmer 101 aus Orwells *1984*, das Zimmer der größten Angst, dann ist meine größte Angst gar nicht die Demenz, das war vorgeschoben, eine Dystopie. Aber wenn ich mein JETZT und HIER untersuche, so bin ich in meinem Unwillen, mich wieder an einen Menschen zu binden, von der Angst gesteuert, zum einen meiner Freiheit beraubt, zum anderen aber wieder verlassen zu werden.

Blanton würde sagen, dass das aus dieser Angst resultierende Verhalten der Versuch sei, die Speisekarte zu essen anstatt das Gericht. Wenn ich also lüge, um diese Angst zu verbergen, werde ich keine tiefe Erfahrung von Wahrhaftigkeit machen, werde ich nichts Neues mehr über mich und andere lernen. So etwas kann man sich anlesen, aber in meinem Fall ist es eine Erkenntnis, in die ich mich sozusagen hineingelebt habe und die nun folgerichtig als nächster Tagesordnungspunkt ansteht.

War ich immer ehrlich zu mir selbst? Natürlich nicht. Manchmal muss der Mensch sich einfach was vormachen. Das gilt vielleicht noch in höherem Maße für andere, die gar nicht erst versuchen, ehrlich zu sein, die gar nicht wissen, gar nicht wissen wollen, was das ist, ist aber schmerzhafter für jemanden wie mich, der Wahrhaftigkeit anstrebt und dafür viel Ärger in Kauf nimmt, also: Keine Gefühle vortäuschen, keine verbergen. Raus damit! Die Wahrheit sagen, sagt die Truckfahrerin in der dritten Staffel der Netflix-Serie *Black Mirror,* und Freunde verlieren, die diese Wahrheit behandeln, als hätte man auf den Tisch geschissen, fühlt sich an, wie endlich Schuhe auszuziehen, die drücken.

The naked truth, auch wenn sie für mich und andere schwer auszuhalten ist. Kein Wort soll ungesagt in uns herumbrodeln und schwärende Gifte aussenden, die unseren Augendruck hochpeitschen, die unsere Gefäße verstopfen, die uns stumm machen gegenüber unseren Eltern, unseren Kindern. Was nützt es, Ruf oder Selbstbild zu verteidigen, wenn der Preis dafür ist, das falsche Leben zu leben? Und zwar das falsche im falschen? »All the world's a stage«, heißt es schon bei Shakespeare, aber was passiert, wenn wir unsere Rollen ablegen wie Kleidungsstücke? Oder sie weiterspielen, aber nicht länger von ihnen dirigiert werden?

Auch weglassen ist lügen, sagt Blanton. Das war mir neu. Wenn mich in der Bahnhofsmission ein Obdachloser fragt, wie es mir geht, dann sage ich natürlich »gut«. Ich kann doch nicht rumjammern im Angesicht totaler Perspektivlosigkeit beim anderen. Das aber ist unechtes Verhalten, und wer ein unechtes Verhalten an den Tag legt, um anderen zu gefallen, kann nicht geliebt werden, weil er/sie nicht aufrichtig ist.

Als ersten Schritt zur Radical Honesty rät Blanton, Eltern, Partnern und Freunden lange verschwiegene Geheimnisse zu enthüllen – egal ob winzig oder riesig. Wer seine Gefühle ehrlich beschreibt, löst damit wiederum in anderen Menschen Gefühle aus, nicht immer die positivsten, aber echte, ans Innerste rührende Gefühle, die sich in Körpersensationen niederschlagen. Unser Gegenüber ist berührt, und das wiederum berührt uns. Sauer sein und es nicht sagen, wer weiß, wo das hinführt. Sauer sein und es sagen, mal sehen, was passiert?

Über Sprache schreibt Brad Blanton etwas, das ich zutiefst begreife. Sie ist das Gefängnis, aber sie ist auch der Kuchen mit der Feile. Wer also die Wahrheit sagt, wird frei sein, aber auch unsicher, weil er seine Überzeugungen fallen lassen muss. Es gibt keine Schutzschilde mehr. Alles geht raus, alles geht rein. Anfangen, ehrlich zu sein, ist erst ein inneres und dann äußeres Erdbeben, in dem durchlebt (und meist auch überlebt) wird, was bisher mit aller Kraft geheimgehalten wurde. Eine Lebenslüge aufdecken, mit den Konsequenzen leben, die Lüge korrigieren, das ist Radical Honesty.

Im Radical-Honesty-Workshop in München bittet der Leiter alle Gruppenmitglieder, etwas preiszugeben, das sie noch nie jemandem gesagt haben. Der junge Mann neben mir erzählt, er sei schon mal stationär in der Psychiatrie gewesen, geschlossene Abteilung. Der nächste bekennt, dass er zwar heterosexuell ist, aber insgeheim neugierig auf Sex mit einem Mann. Schließlich ist ein junges Mädchen an der Reihe, das eingesteht, sich von jemandem in unserer Gruppe angezogen zu fühlen. Sie will nicht sagen, von wem, aber der Leiter zwingt sie. Erst ziert sie sich und wird immer wieder von ihm darauf hingewiesen, wie wichtig es sei, die Gefühle zu fühlen, die sie im Moment kurz vorm Bekenntnis hat, ich tippe auf einen der drei anwesenden Männer: auf den aus der Psychiatrie, den heimlich schwulen Hetero oder den Gruppenleiter, aber die junge Frau zeigt auf mich und sagt errötend »von Else«.

Da ist sie, die Wirkmacht der Worte. Ich hatte an dieser Stelle nicht im Geringsten mit der Nennung meines Namens gerechnet und konnte mich also reaktiv nicht darauf vorbereiten. Die Nachricht fährt wie eine heiße Welle in meinen Solarplexus. Erröte ich auch? Erröte ich etwa auch? Was genau fühle ich jetzt? Erhöhte Herzfrequenz, ein Kribbeln in den Gliedmaßen, Hitze in Kopf und Brust, leichten Schwindel. Hilfe! Ich weiß nicht, wie ich reagieren soll. Bedanke ich mich? Bejahend oder verneinend? Das Verhältnis zwischen diesem Mädchen Anfang zwanzig und mir verändert sich von dem Moment an. Sie hat sich mir anvertraut, nicht nur ich, alle Mitglieder der Gruppe hüten jetzt ihren Schatz. Das Geständnis hat keinerlei Konsequenzen, aber wir haben gemeinsam tiefen Grund berührt.

WER WIRKT AUS MIR HERAUS?

Und wer spielt mit der kleinen Sabine?

Wenn ich in mich hineinhöre, wenn ich in mir nach dem suche, was wir »Bauchgefühl« nennen, dann bin ich, wie wir alle, von mehr als zwei Antagonisten bevölkert, die mir in Gestalt von Engel und Teufel abwechselnd Ja und Nein zuflüstern. Kein Wunder, dass ich Passiv-Aggressives produziere, mixed Messages, Double Bind. Ich bin oft zweideutig, zwiegespalten oder wie man so schön sagt, hin- und hergerissen. Was daher kommt, dass in mir beziehungsweise aus mir heraus viele wüten.

In meinem Innerern turnen – nach dem Kommunikationswissenschaftler Schulz von Thun – mehrere wirkmächtige Else-Personen herum, Else-Facetten, die sich permanent mit sich, mit mir, miteinander auseinandersetzen.

Sagen wir, da ist die *Häubchen-Else*. Ich stelle sie mir optisch vor wie Elle Driver in Tarantinos *Kill Bill*, mordlüstern, mit Schwesternhäubchen und Augenklappe. Schutzbefohlene an den Rand des Wahnsinns treibendes Helfenwollen, der drakonische Fürsorgemodus, dem letztlich nur durch Flucht zu entkommen ist. Sie kann ein Pferd hochheben wie Pippi Langstrumpf – gesetzt den Fall, es liegt ein Patient darunter.

Dann gibt es die *Krank-Else*. Selbstmitleidig, anämisch, ohne Chi. Ein Chemiebaukasten, jeder noch so ominösen Heilmethode ausgeliefert, hilfsbedürftig, nackt und schwach. Augenringe wie ein Pandabär, im Engelshemdchen, am Tropf.

Es gibt die *messerwerfende Else*, die Worte wie Pfeile abschießt, die stets mit scharfer Klinge kämpft, die Brainfuck will, Mindfuck, Sapiosex. Sie ist die Ernährerin, der Star und gleichzeitig die Unsympathin und Unempathin im inneren Team. Es interessiert sie nicht, wie andere sich von ihr behandelt fühlen. Von ihr geht permanent die Gefahr aus, die Joe Pesci in *Goodfellas* verströmt. Ein falsches Wort, und du bist tot!

Dann gibt es die *Kopf-Else*, einen überdimensionalen körperlosen Schädel. Der Hydrocephalus trägt eine dicke Brille, hat eine steile Denkfurche und spricht, wenn irgend möglich, mit niemandem. In ihm befindet sich ein Gehirn, das neun Kilo wiegt wie das eines Pottwals und das permanent wabernd in Aufruhr ist, vergleichbar mit einem brodelnden Topf, der auf der Kochplatte tänzelt. Beim Denken treten Kopf-Else Stecknadeln aus der Stirn wie der Vogelscheuche in Wolkows *Zauberer der Smaragdenstadt*. Sie will im allgemeinen ihre Ruhe, aber sie ist gleichzeitig den nervigen Mitbewohnern ausgeliefert, weil sie keinen Körper mehr hat, mit dem sie sich wehren könnte. Der ist ihr abhandengekommen.

Am Rand der Szenerie steht, mit Rattenschwänzen und

schief geknöpftem Strickpulli, *die kleine Sabine,* die erst vor Kurzem wieder die Bühne betreten hat. Sie ist ein etwa fünfjähriges Kind mit glucksendem Lachen und einer großen Klappe, aber sie ist auch bockig und verschränkt die Arme vor der Brust. Sie weiß noch nicht richtig, welcher Platz ihr in der Gruppe zugedacht ist. Lauter Erwachsene, die sie ignorieren. Sie guckt sich erst mal alles an. Sie fasst erst mal alles an. Staunend steht sie vor einem *Else-Körper* ohne Kopf, der wie tot in der Ecke liegt. Sie hält das Ohr an Else-Körpers Brust. Sehr schwach, einer pochenden Larve ähnlich, ist dort ein Herzschlag zu hören wie von fern.

Es gibt noch unzählige weitere Else-Inkarnationen: die Mutter, die Tochter, die Ehefrau, die Witwe. Es gibt auch Else, die literarische Figur, Else, die Kleinbürgerin, Else, den Hippie, den Punk, den Bodhisattva. Es gibt die Zauderin und die Zauberin, die fünfhundertjährige Oma und die Rotzgöre, die tote Else, die lebende Else, die Besserwisserin, die Träumerin, die Miesmacherin, die Schönrednerin, die Nonne und die Femme fatale. Aber das ist der Opernchor, das Hintergrundgeräusch, die Hauptfiguren sind benannt.

Sie ringen, rivalisieren, sind verstritten in mir, sie sind deutlich verschiedener Meinung über die Themen, die mich bewegen, und die Entscheidungen, die ich treffen muss. Jede von ihnen hat etwas auf dem Herzen, keine will sich die Butter vom Brot nehmen lassen.

In den vergangenen Jahren war Häubchen-Else federführend, dabei hatte sie ununterbrochen ihre größte Widersacherin, die messerwerfende Else, zu deckeln. Einmal hat sie ihr einfach die Arme eingegipst, um sie kampfunfähig zu machen. Im Eifer des Gefechts wurde dabei schon mal die Kopf-Else wie eine Kanonenkugel hin- und hergerollt, was eine massive Schreibblockade auslöste.

An einem unaushaltbaren Punkt des Dauerkonflikts erhob sich wie ein Zombie die Krank-Else, um den Querelen Einhalt zu gebieten. Sie warf sich buchstäblich zwischen die Kampfhennen. Und erst nach meiner spiritistischen Sitzung kroch die bis dahin verschüttete kleine Sabine aus dem Loch. Zweiunddreißig Jahre lang hat sie ein Kaspar-Hauser-Leben gelebt. Sie ist etwas seltsam, aber gibt es nicht ein Menschenrecht auf Seltsamkeit? Plötzlich singt da eine helle Kinderstimme in meinem inneren Chor. Das fühlt sich warm an, das ist eine Frequenz, die ich vermisst habe. Herz, was bringt dich zum Singen?

Die kleine Sabine ist die, die nicht satt geworden ist, die von mir abgelehnt, abgetrieben, ausgelöscht wurde. Ihr Erscheinen, ihre kindliche Neugier, verändert die gruppendynamischen Prozesse in mir. Gleichzeitig formieren meine Aufräumversuche die Gruppe neu. Es ist die kleine Sabine, die sich mit aufgeschürften Knien an den Körper heranrobbt, der von der Kopf-Else getrennt ist und nutzlos und taub in der Ecke liegt.

Der Mensch, dem die Decke auf den Kopf fällt, wenn er allein zu Hause ist, ist gut beraten, sich zu fragen, ob er mit sich allein in guter Gesellschaft ist, der sollte sich fragen, welcher der Strömungen in sich er den Vorrang gibt, was in ihm schwingt und warum. Visualisierung hilft dabei sehr, und ich habe große Freude daran, die Messer-Else, die Kopf-Else, die Krank-Else, die Häubchen-Else und die kleine Sabine an mein Whiteboard zu malen. Meine Rasselbande. Meine Pappenheimer.

SCHOKOLADE SEHEN UND NICHT ESSEN

Wie ich einmal ausdrücklich nicht half

Wie also kriege ich Selbstfürsorge und Hingabe in Balance? Wie lote ich meine Grenzen aus, und wie lerne ich, sie zu verteidigen? Wie entmachte ich die Häubchen-Else oder verweise sie zumindest in die hinteren Ränge? Ich sehe in meinem inneren Räuberhaufen niemanden, der dafür qualifiziert wäre. Ich selbst bin wie ein Topf Pasta, in dem überkochte Nudeln, rohe Nudeln und Al-dente-Nudeln vor sich hin disharmonieren. Mir fällt die schroffe Einschätzung einer Therapeutin ein, bei der ich einige Jahre zuvor eine probatorische Sitzung gehabt hatte. »Ihre Eltern haben Ihnen zwei Instrumente mitgegeben, mit denen Sie alle Ihre Beziehungen führen können: eine Säge und einen Hammer. Ich werde Ihnen viele andere Instrumente zeigen, die dafür besser geeignet sind.« Sie hat noch einen weiteren Satz gesagt, der mir bis heute im Kopf hängt: »Lassen Sie die Lawine rollen!«

Ann-Marlene Henning schreibt auf meine Nachfrage, was genau sie gemeint habe, als sie sagte, meine Zauberworte seien Bindung und Symbiose:

»Der Mensch ist ein Bindungstier, Bindung ist auch gut, aber es kann zu viel werden, nämlich wenn man zu sehr in den anderen ›reinversinkt‹, ihm helfen will, für ihn da sein will – aus dem Wunsch der Symbiose heraus, man will mit ihm verschmelzen, die Andersartigkeit tut weh. Das kann sich zwar toll anfühlen, aber ist für Erwachsene einfach oft nicht so gut (Kinder brauchen es dagegen sehr).

Wir alle bewegen uns in einem Kontinuum, wo an einem Pol Autonomie steht, am anderen Symbiose. Die gesunde Bindung liegt irgendwo dazwischen. Jede(r) sollte in sich reinspüren, wann Bindung gut ist, und es nie zu viel werden lassen. Anderen helfen, schön und gut, aber auch einfach mal sein lassen, ausdrücklich nicht helfen, und dies aushalten.«

Meine neue Aufgabe, ausdrücklich nicht zu helfen und dies auszuhalten, ist kaum gestellt, als auch schon ein Präzedenzfall eintritt. Eine E-Mail von der Bahnhofsmission kommt. Von diesem meiner Meinung nach nichtkausalen Zusammentreffen zweier Ereignisse euphorisiert, schlage ich meinen Synchronizitätsordner auf. Als »Synchronizität« bezeichnet C.G. Jung zeitlich verbundene Ereignisse, die akausal sind, jedoch aufeinander bezogen wahrgenommen und gedeutet werden. In der siebten Staffel von *Gilmore Girls,* die ich 2016 sah, denkt die Hauptfigur darüber nach, ob alle Urteile, die sie im Leben getroffen hat, aufgrund ihrer Mutter getroffen wurden. Sie sagt, ihre Mutter sei überall, in ihrer Kleidung, ihren Haaren, ihrem Herzen. Ich denke intensiv über diese Aussage nach, als es »pling« macht und eine Mail von meiner Mutter kommt.

Oder hier: Zwei Wochen nachdem ich ein Interview mit Robert Betz geführt habe, komme ich erst dazu, das Band abzuschreiben, wobei ich den Nachmittag im Geiste Revue passieren lasse. In dem Moment machte es »pling«, und er schreibt mir eine Mail.

Oder hier: Ich filme mich selbst für ein Kurzfilmprojekt beim ausgelassenen Tanzen. Per Screenshot halte ich mich mitten im Luftsprung fest, wie ich in der Luft stehe, mit fliegenden Haaren und verwischtem Gesicht. Mitten in diesem Vorgang erreicht mich eine Mail mit der Ankündigung für ein Tanzfilmfestival mit dem Foto einer Frau, die beim Tanzen in die Luft springt, mit fliegenden Haaren und verwischtem Gesicht.

Oder: Vicki de Klerk-Rubin, Naomi Feils Tochter, sagt auf der Bühne in ihrem Vortrag über Validation, dass sie zweiundsechzig sei und dass sie vor Kurzem daran gescheitert sei, Arabisch zu lernen, da man in einem bestimmten Alter (bei Schrumpfung des Gehirns trotz ununterbrochener Benutzung) bestimmte Sachen nicht mehr könne. Erst habe sie das nicht eingesehen und es wieder und wieder probiert, es habe einfach nicht geklappt. Erst als sie damit ihren Frieden gemacht habe, dass bestimmte Sachen nicht mehr gehen, andere dafür schon noch, habe sie auch ihren Frieden mit ihrem Älterwerden gemacht. Eine Woche vorher hatte ich im Internet recherchiert, wo ich Arabisch lernen könnte. Es hatte keinen wirklichen Grund für mich gegeben, Arabisch lernen zu wollen, und von all den Sprachen, die eine mit einem Holländer verheiratete Amerikanerin mit deutscher Mutter hätte wählen können, war es ausgerechnet Arabisch gewesen.

Die E-Mail von der Bahnhofsmission ist zwar an alle Ehrenamtlichen adressiert, spricht aber, wie immer in solchen Fällen, gefühlt mich persönlich an:

Liebe Helfer*Innen,
gerne können wir für den Monat August eure Hilfe gebrauchen, aber bitte nur, wenn ihr wirklich Zeit und Lust habt (Privatleben geht immer vor!).
Allein für die folgenden Tage suchen wir …

Freitag: 1–2 Helfer FRÜH, 1–2 Helfer NACHMITTAG (13.30–18) jeweils Türdienst
Samstag: 1 Helfer FRÜH, 2 NACHMITTAG, jeweils Türdienst
Sonntag: 1–2 Helfer FRÜH, Türdienst
Montag: 1 Helfer FRÜH für Türdienst, 3 Helfer NACHMITTAGS (Tür/Spüle/Küche)

Falls ihr helfen könnt, meldet euch bitte unter dieser E-Mail-Adresse.

Für mich ein typischer Fall von Double Bind: »Privatleben geht immer vor …« versus »falls ihr helfen könnt …« Ich stöbere in meinem Kalender und sehe sofort drei Tage, die terminfrei oder mit irrelevanten Terminen bestückt sind …

Doch ehe ich mich feilbieten kann, stoppe ich mich selbst und lausche nach innen. Was heißt eigentlich in dem Zusammenhang »irrelevant«? Eine Verabredung mit meiner Cousine, ein Zahnprophylaxetermin. Und was heißt

»terminfrei«? Tatsächlich, ein fürs Schreiben (im Übrigen DIESES Buches) reservierter Tag. Wie kann ich dies nur irrelevant finden? »Privatleben geht immer vor« ist natürlich eine tückische Formulierung, denn Privatleben, das ist jede Minute, die ich eben NICHT ehrenamtlich arbeite. Manchmal findet sich auch der Satz: »Danke für eure unermüdliche Hilfe.« Der triggert mich. Unermüdlich wie ein Duracellhäschen, das ist mein Selbstbild, so möchte ich auch von anderen gesehen werden. Aber was steckt dahinter? Und was ist jetzt mit der gesunden Bindung, die sich laut Ann-Marlene irgendwo zwischen Autonomie und Symbiose befindet? Was könnte das sein? Soll ich mir ein Haustier kaufen? Einen Untermieter aufnehmen? Mich paaren – zu erneuter Fortpflanzung ist es zu spät.

Auf die Mail von der Bahnhofsmission antworte ich nicht, leide aber unter dieser Entscheidung. Mich quält ein schlechtes Gewissen. Ich bin doch Teil des Teams! Da ist doch Not am Mann! Was, wenn die anderen sich auch nicht melden?

LIEBEVOLL NEIN SAGEN

Die unterlassene Hilfeleistung

Verkaufsoffener Sonntag. Bepackt steige ich in die U-Bahn, die voller Menschen ist, die auch schnell irgendwo einkaufen waren. Ein beißender Geruch schlägt mir entgegen.

Er ist nicht nur einfach da, er steht wie eine Wand vor mir, und ich fange an, die Verdächtigen nacheinander zu mustern.

Der junge Mann, der mir gegenübersitzt, unterscheidet sich nur marginal von den anderen Leuten, auf den ersten Blick gar nicht. Auch er hat zwei große Tüten, auch er blickt abgekämpft zu Boden. Sein Gesicht ist jung und sieht sauber aus, seine Sachen sind nicht zerlumpt. Und doch kriegen nach und nach auch die anderen Fahrgäste mit, dass er der Stinker ist. Sie rücken langsam ab, wechseln diskret die Plätze. Er sitzt allein, mit gesenktem Kopf.

Und dann passiert, was immer passiert. Mein Herz fängt an, wie wild zu pochen. Ich bin von einer riesigen Aufregung befallen, wie jemand, der Hemmungen hat, öffentlich zu sprechen, sich aber in einer Versammlung zu Wort meldet. Ich stecke plötzlich in seiner juckenden, nässenden, entzündeten schmutzigen Haut, in seinen dreckstarrenden stinkenden Lumpen.

Ich bin regelrecht kurzatmig. Fast springt mein Herz aus meinem Mantel heraus, so stark pocht es. Hier ist mein Plan: Ich würde ihn ansprechen, mitnehmen, ihm ein heißes Schaumbad einlassen, seine Klamotten waschen und trocknen, ihm einen Tee machen, ihm zuhören. Ich würde versuchen, jemand zu sein, den ich mir wünschen würde, wäre ich an der Stelle des Mannes.

Aber ich tue es nicht. Diesmal nicht. Ich steige aus.

WOHIN? NACH HAUS!

Freiheit in der Bindung

Erklingt ein Hilferuf, geht mein Körper auf Autopilot. Spontan würde ich Haus und Hof verschenken. Was ist da in jeder meiner Zellen gespeichert, das das macht? Welcher Fluch wurde von wem über mich verhängt? Welchen Schwur habe ich wann getan? Welche Möglichkeiten der Umprägung habe ich?

Die Geschichte der dementen Frau, deren Körper sich ans Tanzen erinnert, hängt mir noch im Kopf. Und was sagte Professor Schmale gleich noch? Der Intuition müsse ich folgen. Die müsse mich führen. Tangomäßig.

Als ich im Frühjahr einen Demenzbegleiter-Weiterbildungskurs mit der Validationsspezialistin Vicki de Klerk-Rubin mache, stelle ich die Frage, ob es möglich sei, mich bereits zu Zeiten geistiger Gesundheit auf eventuelle Demenz vorzubereiten, sprich, eine Art Turmzimmer einzurichten, in dem ich in einem geliebten Lied wohne wie der Musikwissenschaftler oder in leidenschaftlichem Tanz wie die demente Tangotänzerin. Klerk-Rubin hält das für unrealistisch. Allerdings rät sie, »das Klavier des Lebens breit zu bespielen«. Da bin ich schon mal weit vorn. Der Chef der Bahnhofsmission hat mir erst neulich bescheinigt, ich sei ein »breit aufgestelltes Menschenkind«. Breite ist also genug da. Tiefe streckenweise auch. Kann ein Mensch denn wirklich nicht aktiv dagegen vorgehen, jahrzehntelang in einem Kindheitstrauma zu wohnen wie Frau Barth: das eingekesselte Königsberg, der Bombenkeller, die Gallensteine der Mutter? Kann ich mich auf Demenz vorbereiten, indem ich prophylaktisch mein zukünftiges Verlies des Vergessens tapeziere? Oder ist das eh schon in der Kindheit geschehen, ist es längst zu spät dafür? Werde ich, egal was ich jetzt tue, die Hand zum Pioniergruß heben als verwirrte Fünfundneunzigjährige? »Für Frieden und Sozialismus sei bereit!« – »Immer bereit!«

»What makes your heart sing?«, fragte Steve Jobs. Was bringt mein Herz zum Singen? Ist das bisher in mein System Eingebrannte unüberschreibbar? Trage ich den Kerker bereits in mir? Muss ich gar nicht erst dement werden, wohne ich jetzt schon darin und weiß es nur nicht? Ist das, was ich für meine Freiheit halte, in Wirklichkeit nur die Gegenabhängigkeit, von der Annette Simon sprach?

Und wenn ich jetzt schon in einem Kerker wohne, kann ich ihn gegen angenehmere Kulissen tauschen? Auch wenn die Wahrscheinlichkeit gering wäre, wäre sie doch nicht gleich null?

In einer Dokumentation des »Lucky People Center« über Klang und Rhythmus sehe ich ein Interview mit einem Affenforscher. Sein Spezialgebiet sind die Gibbons. Er lebt mit ihnen, um sie verstehen zu lernen. Gibbons sind verwandt mit Orang-Utans, Schimpansen, Gorillas und – tataa! – mit uns! Jeden Morgen starten sie mit einem Lied, Affenmännchen und Affenweibchen singen dialogisch miteinander. Und zwar richtig laut. Der Forscher hört monatelang zu, und eines Tages fasst er sich ein Herz. Er stimmt ein in den fremdartigen Gesang, ahmt ihn nach. Er spricht in einer Sprache, die er nicht versteht.

Zu seiner Überraschung antworteten ihm die Gibbons. Es entspinnt sich ein Gespräch. Zwanzig Minuten lang singen alle zusammen und durcheinander. Nach diesem Erlebnis sei er mehrere Stunden lang wie im Drogenrausch gewesen, sagt er. Als Wissenschaftler habe er dafür nur eine Erklärung: Dass Affen und Menschen dieselbe eingebaute Sehnsucht haben zu singen. Dass dieses gemeinsame Singen Endorphine freisetzt und Aggressionen abbaut. Dass es Spaß macht, dass es glücklich macht, dass das Singen und Tanzen in unsere Menschennatur eingebaut ist.

Wenn ich aus meinem Kopf heraus will, wenn ich die Kopf-Else wieder mit ihrem Körper vereinen will, dann muss ich vielleicht singen und tanzen? Ich melde mich bei »Sing along, Berlin« an, ein Sommercamp für Menschen, die singen wollen – und suche parallel nach einem geeigneten Tanzkurs. Wie immer will ich alles auf einmal. Und zwar sofort.

Als im Hochsommer bei achtunddreißig Grad im Schatten mein Singecamp losgeht, etwas, das ich eine Woche lang nur für mich tun will und worauf ich mich freue, packt mich doch das schlechte Gewissen. Was wird dann zum Beispiel aus Shaimaa, meiner syrischen Nachhilfeschülerin, die auch in den Ferien unbedingt weiter zum Deutschunterricht kommen will? Ich werde keine Zeit für sie haben. Es sei denn …

Häubchen-Else hat eine wunderbare Idee. Ich könnte Shaimaa ja fragen, ob sie Lust hat mitzumachen, könnte sie sponsern, sie mit anderen Menschen zusammenbringen, ihre Integration vorantreiben, etwas Gutes tun. Shaimaa, gerade sechzehn geworden, hat nicht nur Lust, sondern will Lilas und Ebtisam mitbringen. So kommt es also, dass ich, anstatt etwas für mich zu tun und jeden Tag mit Gleichgesinnten tiefenentspannt zu singen, mit drei pubertierenden Syrerinnen, deren Teilnahmegebühr ich aus eigener Tasche zahle, im Singecamp auftauche, drei Mädchen, die schwerer zu hüten sind als ein Sack Flöhe, die im Probenraum auf Durchzug schalten, im Handy rumdaddeln und permanent arabisch plappern. Der einzige deutsche Satz, den ich in den nächsten Tagen von ihnen hören werde, lautet: »Wann ist Pause?«

Da ist es wieder, mein kleines Problem. Ich wollte etwas nur für mich tun. Nun finde ich mich, zerrissen zwischen den Intentionen der Veranstalter (kultureller Schulterschluss bei leidigem Überhang älterer deutscher Damen), den Interessen der Mädchen (Wo sind gut aussehende männliche Teenager?) und meinen eigenen (singen, weil ich ein Lied hab). Bis an Tag drei der Knoten platzt, die mir anvertrauten Mädchen ihre Scheu ablegen und sich langsam einlassen auf das Experiment, die eigene Stimme zu finden, werde ich viele Federn lassen, viele Zweifel runterschlucken.

»Sing Fantasielaute!«, sagt mein Improvisationslehrer Michael im Kurs, »sobald du Text singst, gewinnt das Wort. Das Wort gewinnt immer.« Brad Blanton sagt etwas Ähnliches. Nämlich, dass Frank Sinatra der größte Philosoph des letzten Jahrhunderts gewesen sei, indem er die weisen Worte »Dubidubidu« sprach.

Bald studieren wir im Chor ein Motiv ein: »Wohin? Nach Haus! Wohin? Nach Haus! Wohin? Nach Haus!« Zwischendurch wird »Kein schöner Land« gesungen, dann ein türkisches Heimatlied, aber immer wieder kehren wir zurück zum fragenden, pochenden, pulsierenden Thema: Wohin? Nach Haus!

Das Wort gewinnt. Das Wort gewinnt immer. Das Mantra stampft Tag und Nacht rhythmisch durch meinen Kopf und will mich – wohin? – nach Haus! fluten. Das Wort gewinnt. Es ist Gefängnis und Kuchen mit Feile zugleich.

Schon beim Pilatestraining am »Reformer«, einem Trainingsgerät, das an eine Streckbank erinnert und ermöglicht, in einer horizontalen Bewegungsebene zu trainieren, warte ich seit Jahren während der Übungen immer auf die erlösenden Worte der Trainerin: »Und jetzt nach Hause«, das heißt, die Muskeln entspannen und das Schiff in die Ausgangsposition gleiten lassen. Entspannung nach der Anspannung.

Nach Hause – ist denn das nicht, wo ich eigentlich hin will? Wo die kleine Sabine hin will? Wo wir alle hinwollen?

Auf dem Heimweg – Wohin? Nach Haus! – sehe ich einen der Obdachlosen aus der Bahnhofsmission. Ich spreche ihn an, aber ohne meine blaue Bahnhofsmissionsweste erkennt er mich nicht. Dabei weiß ich seinen Namen, und er konnte immer meinen auf dem Namensschild lesen. Ungläubig betrachtet er mich. Nein, er habe mich noch nie gesehen. Nee, das wüsste er. Nicht nur er ist ein Gesicht in der Masse, auch ich bin hier nicht persönlich gemeint. Wo ich doch immer so gern persönlich gemeint sein will. Nachdenklich bleibe ich zurück.

Inzwischen habe ich mehrere Bewegungs- und Rhythmuskurse versucht, Salsa, Jazzdance, Contemporary Dance, Contact Improvisation, Body Percussion. Alles sehr interessant, alles holt mich vom Kopf in den Körper, aber nichts davon zündet.

Bis ich eines Sommerabends an einem Ort verabredet bin, von dem aus ich eher beiläufig durch erleuchtete Fenster im Inneren eines Saales Menschen sehe, paarweise, versunken, verwunschen, miteinander tanzend, wie im Film *Carnival of Souls*.

Ich starre minutenlang in die Fenster hinein, sehnsüchtig wie das Mädchen mit den Schwefelhölzern, bewege mich dann auf die Tür zu, zahle Eintritt und stehe fasziniert mittendrin.

Es hat mich auf ein Tango-Festival verschlagen. Aber keins der üblichen. Hier tanzen Männer mit Männern, Frauen mit Frauen, Frauen führen Männer, Männer folgen Frauen. Manche Männer tragen Pumps und Röcke, manche Frauen tragen Anzüge, andere Kleider. Queer Tango. Ich finde mich unversehens in einem der Randgebiete, in die es mich immer gezogen hat. Alle Akteure sind ernsthaft, leidenschaftlich, akkurat, sie scheinen tief verbunden zu sein miteinander, als sei immer ein Paar ein Körper, als tanzten beide um eine unsichtbare, unverrückbare Mitte, die sich in den Himmel schraubt. Mein Tango-Vorurteil, in dem Schnauzbart-Guppys dünne Glitzermädchen durchs Gelände schieben, löst sich auf.

Da ist was. Da ist was. Da ist ein sehr intimer Weg, mit

einem anderen Menschen in Kontakt zu treten, zu kommunizieren, für die Dauer eines Tanzes den Schutz des Getrenntseins zu verlassen. Bindung und Symbiose. Da ist eine Sehnsucht.

Ich will ja neue Fehler machen, nicht mehr die alten. Zurück geht es nicht. Jede Brücke weggebombt. Kann Tango eine Therapie sein? Ich will etwas, das stärker ist als Worte, als Sprache, ich will meinen Körper spüren, will raus aus der Wortspirale, keine verbalen Messer mehr werfen, schwach sein dürfen und geborgen sein. Ich will, von Professor Schmale aufgewiegelt, begehren, will mich spiegeln im Bild des anderen und dadurch vorhanden sein. Es macht mich plötzlich traurig, dass es keine Person auf der Welt gibt, die einen Schicksalsschlag erleiden würde, wenn ich stürbe. Ich will Resonanz, Gegenseitigkeit. Augenhöhe. Ich will FÜHLEN überall dort, wo ich nicht WEISS. Und gleichzeitig schäme ich mich dafür, weil ich Impulse wie diese niederkämpfe, weil ich sie für profan halte. Bisher war ich vermeidend unterwegs. Bin ich gefangen im eigenen Freiheitsdrang?

Ich meine, in welchen Momenten des Lebens vermisse ich einen Partner? Zum Beispiel, wenn sich einer meiner Ohrringe im Schal verfangen hat. Wenn ich im Zug aufs Klo muss und niemand den Computer bewacht. Wenn ich abgeholt werden muss nach einer Zahn-OP. Wenn ich eine Zecke hab an einer schwer zugänglichen Stelle. Wenn ich ein Buch mag und gern jemandem daraus vorlesen würde. Für jemanden kochen. Mich für jemanden schönmachen.

Menschen, die es sich leicht machen, haben sich von mir abgewendet, weil sie die Art, wie ich es mir schwer mache, nicht ertragen konnten. Menschen, die ich liebte, haben sich von mir abgewendet, weil sie die Intensität, mit denen ich sie liebte, nicht ertragen konnten.

Beim Schreiben dieses Buches musste ich blinde Flecken in meiner Erinnerung wienern, Freundschaften auf ihren heutigen Wahrheitsgehalt prüfen, meine Sexualität runderneuern und mein Selbstbild korrigieren. Ich sah mich sogar gezwungen, die Liebesbeziehungen meines Lebens Revue passieren zu lassen und in den Tümpel meiner unterdrückten Gefühle zu tauchen.

Ist mein Helfenwollen ein verkleidetes Herrschenwollen? Ein verdrucktes Paarenwollen? Und wie sieht es mit dem Nehmen aus? Bei den Tango tanzenden Paaren, die sich im Dämmerlicht gegeneinander lehnen, ist schwer auszumachen, wer wen hält. In dem Moment, wo ich glaube, es herausgefunden zu haben, scheinen die Rollen zu wechseln, als sollte ich genarrt werden, und nun ist alles umgekehrt. Selten erschien mir die Balance von Geben und Nehmen plausibler.

SELBSTSTEUERUNG

Proudly presented: Mein neuer Werkzeugkasten

Ein warmer Herbstmorgen 2018. Ich genieße die letzten Sonnenstrahlen auf dem Balkon. Ich gehe in Kontakt mit dem, was mich in diesem Augenblick umgibt. Ich bin im Hier und Jetzt. Das habe ich in der Heiligenfeld-Klinik gelernt, in der ich die letzten Wochen verbracht habe. Dort nannte man das: den Achtsamkeitsmuskel trainieren. Der vertraute Geruch des Berliner Hinterhofs, nach Staub, Asphalt, erkaltendem Benzin, Müll und welkem Laub, das Aroma des Morgenkaffees auf meiner Zunge, mein lebendiger Körper, mein Atem. Alles wahrnehmen, ohne zu werten.

Die Bank trägt mich. Ich brauche gar nichts zu tun. Der Balkon trägt die Bank, das Haus den Balkon und das Fundament das Haus. Ich bin mir selbst genug, aber der Platz auf der Holzbank neben mir ist frei. Mein rechter, rechter Platz ist leer. Ich wünsche mir ... Was wünsche ich mir?

Ich wünsche mir, bei mir zu sein, frei zu sein, und gleichzeitig, in diese Freiheit hineingehalten zu werden. Ich habe aufgehört, anderen Menschen bei der Rückschau auf ihr Leben zu assistieren. Ich habe angefangen, mein eigenes Leben rückwärts zu verstehen und als Reichtum zu erleben. Und siehe da, alles, was ich erlebt habe, das Gute und das Schlechte, ja, scheiße noch mal, das war mein Leben, so ist es gewesen.

Die Hausaufgabe von Ann-Marlene, bewusst nicht zu helfen und das auszuhalten, ist ein harter Brocken. Meine

Sonntagsdienste in der Bahnhofsmission sind erst mal auf Eis gelegt. Meine drei syrischen Nachhilfeschülerinnen konnte ich zu anderen Lehrern vermitteln. Luisa, die kolumbianische Studentin, die seit drei Monaten kostenlos bei mir wohnt, hat ab Dezember ein WG-Zimmer gefunden. Bittet mich auf der Straße jemand um Geld, lehne ich freundlich ab. Nach jeder unterlassenen Hilfeleistung fühle ich in mich hinein. Nachfühlen, auch so ein neues Wort. Auch in der Klinik gelernt.

Wie fühlt sich das Nichthelfen an? Manchmal geht es auf meiner Stressskala hoch von dreißig auf sechzig. Meist ist es aber Scham, die unterm Brustbein brennt, gepaart mit dem Bedürfnis nach Rechtfertigung, dem ich nicht nachgebe.

Wenn mich heute jemand um Hilfe bittet, greife ich in meinen Werkzeugkasten. Dort drin sind verschiedene Tools, mit denen ich meine Wahrnehmung und mein Denken steuern kann. Wenn ich sie benutze, kann ich aus Automatismen, Stimmungen, Gedankenkreisen aussteigen, kann den Realitätscheck machen, kann mich ins Jetzt und Hier beamen.

Es hilft zum Beispiel ganz ungemein, die eigene Grenze zu kennen. Was brauche ich? (Nicht: die Person, die mich um Hilfe bittet.) Was fühle ich? (Nicht: die Person, die mich um Hilfe bittet.) Was tut mir gut? (Nicht: der Person, die mich um Hilfe bittet.) Ist meine Grenze erreicht, darf ich liebevoll nein sagen. Und um zu wissen, wann sie erreicht ist, muss ich sie kennen.

Dass ich in der Klinik schon bei einer der simpelsten Imaginationsübungen scheitere, nämlich mir einen »inneren

Garten« zu kreieren, den ich mental jederzeit besuchen und bepflanzen kann, macht mich fassungslos.

Wann immer ich die Augen schließe, um mir ein Stück unbebautes Land vorzustellen, dessen Urbarmachung allein meiner Fantasie obliegt, steht unser Garten vor meinem inneren Auge. Unser Garten bei Leipzig, den ich liebte und gestaltete. Die Glyzinie mit ihrem starken, blau blühenden Dach, das Beet mit Phlox in Weiß, Pink, Lila und Rot, die von Kohlweißlingen und Hummeln umschwärmten Lavendelbüsche und Rosmarinstauden, blaue Kornblumen, wilder roter Mohn, und am Ententeich die sattgelben saftigen Sumpfdotterblumen.

Die Bilder sind stark, sind wirkmächtig, sie überlagern meine Fantasie und ziehen mich in dunkle Strudel. Der Garten, der immer wieder in meinen Kopf wuchert, ist kontaminiert. Er ist nicht nur in meine Netzhaut eingebrannt. Er war das Letzte, was mein Mann sah, bevor er sich erschoss.

Ich brauche ganze zwei Wochen, in denen ich täglich übe, um einen neuen Garten zu erschaffen, der nur mir gehört, zu dem nur ich Zutritt habe. Und stehe zum Schluss irritiert in einer dürren Steppe mit riesigen Kakteen, in der eine Elefantin herumtrabt, deren rissige Stirn indisch bemalt ist.

Mit der Erschaffung von virtuellen Zufluchtsstätten, mit Verbannungsorten für unliebsame Gedanken und Personen habe ich mir ein Stück Souveränität zurückgeholt.

Mein sicherer innerer Ort, an den ich flüchten kann, wenn mir nicht nach Kakteen und Elefanten zumute ist, ist abwechselnd eine dem Film *Am Anfang war das Feuer* von Jean-Jacques Annaud entlehnte Höhle, vor der ich in blauer Nacht als stark behaarte Urfrau sitze und Bärenfleisch am Spieß röste, oder ein Walfisch im Meer, innen mit Kissen und Kerzen ausstaffiert. Mein »Tresor«, in dem sich unerwünschte Themen stapeln, ist ein tiefer Brunnen mit einem gammeligen Holzeimer an einer rostigen Kette, und Nervensägen setze ich kurzerhand in den Orientexpress. Es fährt ein Zug nach Nirgendwo.

Ich übernehme Verantwortung für mich, ehe ich wieder Verantwortung für andere übernehmen kann. Das alles muss nicht heißen, dass ich nie mehr helfe. Indem ich ein totales Hilfsverbot über mich verhänge, zwinge ich mich zum Bewusstmachen von Automatismen. Wer ist die Herrin im Haus? Doch wohl ich!

Permanentes Helfenwollen heilt mich ebensowenig wie permanentes Nichthelfen. Ich muss lernen, die Balance zu halten zwischen Geben und Nehmen. Ich muss wieder lernen zu leben, oder, wie meine New Yorker Freundin Sari sagt: »You have to move on!« In der Klinik, an einem der Patientenzimmer, hing ein Zitat von Einstein. »Das Leben ist wie Fahrrad fahren. Um die Balance zu halten, musst du in Bewegung bleiben.« An Bewegung hat es mir nie gefehlt, nur war ich zwischendurch beim Tragen der Koffer anderer Leute zusammengebrochen.

An der Hochschule Mainz nehme ich an einem einwöchigen Qigongkurs teil. Ich schwinge den Regenbogen, wehre den Affen ab, schiebe den Berg und drehe das Rad. Bei der Schüttelmeditation soll ich mit geschlossenen Augen dastehen und warten, bis »der Urgeist« mich bewegt. Ich warte und warte, aber er bewegt mich nicht. Schließlich übernimmt mein Rhythmusgefühl. Unser Kursleiter, Großmeister Fu, ein kleiner sanfter, in blaue Seide gekleideter Chinese, diagnostiziert bei mir einen Mangel an Yang-Energie und »füllt mich auf«. Seine energetischen Behandlungen lassen mein unteres Dan Tian wie einen Backofen glühen. Das Blasse, Unterkühlte, Angespannte fliegt davon.

ENERGIESAMMELN

Aus einer Meditation von Großmeister Fu

Ich nehme eine bequeme Position ein. Im Stehen, im Sitzen oder im Liegen. Augen langsam und sanft schließen und die Zunge leicht an den Gaumen legen. Der Atem ist natürlich und ruhig, die Augen blicken nach innen. Ich ignoriere die Bilder, die auftauchen, und verschmelze mit meiner Umgebung. Langsam und sanft gehe ich mit meinem Bewusstsein an die vordere Seite meines Körpers. Ich konzentriere mich auf die Fläche vor dem Bai-Hui-Punkt.

Das Gesicht, die vordere Halspartie, die Brust, den ganzen Bauch, den Unterleib – Entspannen!

Die vorderen Oberschenkel, die Knie, die Kniegelenke, die Schienbeine, die Fußrücken, die Zehen – Entspannen!

Ein sanfter, warmer Wind streicht über die Vorderseite meines Körpers, von oben bis unten. Ich lasse meinen Körper mit diesem Gefühl verschmelzen. Entspannen!

Ganz langsam und sanft gehe ich mit meinem Bewusstsein an die Rückseite meines Körpers. An die Fläche hinter dem Bai-Hui-Punkt, am ganzen Hinterkopf – Entspannen!

Den Nacken, die hinteren Schultern, den ganzen Rücken, die Hüften, den Po, die hinteren Oberschenkel, die Waden – Entspannen!

Die Fersen, die Fußsohlen und die Yong-Quan-Punkte in der Mitte der Fußsohle – Entspannen!

Der ganze hintere Teil meines Körpers ist entspannt. Langsam gehe ich mit meinem Bewusstsein an beide Seiten meines Körpers – Entspannen! Die Seiten der Schultern entspannen. Die beiden Oberarme, die Ellbogen, die beiden Unterarme und die Hände, die beiden Seiten der Brust, die Hüften, die beiden Seiten des Pos, die beiden Seiten der Oberschenkel – Entspannen!

Die Seiten meines Körpers sind nun entspannt.

Mein ganzer Körper ist entspannt vom Kopf bis zu den Füßen, von oben bis unten, von außen nach innen, vorne, hinten, links und rechts, von der Haut bis zu den inneren Organen. Auch die Arme und Beine sind entspannt. Ganz langsam vergesse ich die Vergangenheit, die Zukunft und auch die Gegenwart. Ganz langsam und sanft nehme ich mein Bewusstsein mit ins Universum. Dort gibt es eine imaginäre schemenhafte Energiewolke. Sie fließt sanft durch den Bai-Hui-Punkt mitten auf meinem Kopf in meinen Körper. Sie wandert im Kopf zum oberen Dan Tian, dem Punkt zwischen den Augenbrauen, von dort aus zum mittleren Dan Tian, dem Mittelpunkt zwischen den Brustwarzen, und zum unteren Dan Tian, dem Punkt mittig am Unterleib, und zum Hui-Yin-Punkt, dem Dammpunkt.

Dann strömt sie sanft durch meine Beine bis zu den Yong-Quan-Punkten in der Mitte der Fußsohlen und schließlich in die Erde. Die Energie fließt ununterbrochen durch den Bai-Hui-Punkt in meinen Körper. Er ist nun voller Energie. Alle meine inneren Organe sind entspannt, alle Meridiane und Blutgefäße sind frei und voller Energie. Alle Krankheiten der inneren Organe sind geheilt. Ich bin völlig gesund.

Mein Körper, meine Seele und mein Geist verschmelzen und werden eins. Ich bin eins mit Himmel und Erde. Ich bin eins mit dem ganzen Universum. Entspannen!

Nun gehe ich in meinen Körper zurück. Ich hole die riesige Energiewolke aus dem Universum in meinen Körper, in das obere Dan Tian, das mittlere Dan Tian und das untere Dan Tian. Ich lege beide Hände übereinander auf den Unterleib und ruhe eine kurze Zeit. Jetzt die Hände aneinander warmreiben, das Gesicht sanft massieren, dann, mit den Fingern als Kamm, von vorn nach hinten über die Kopfhaut fahren, Ohren massieren, Hinterkopf leicht klopfen. Den ganzen Körper sanft massieren und klopfen. Wenn das Bewusstsein wieder zurückgekehrt ist, kann ich meine Augen langsam wieder öffnen.

VOILÀ, MADAME!

»Lassen Sie die Lawine rollen!«

Seit ich nicht mehr helfe, habe ich viel mehr Zeit für mich. Ich setze meine Lebensreise ohne Fremdgepäck fort, und jeder Mensch, der mir begegnet, ist mein Lehrer. Seit vier Monaten nehme ich Tangounterricht, lerne das Führen und das Folgen. Astrid, meine Tangolehrerin, soll mich, sozusagen transzendierend, in die Freiheit hineinhalten. So habe ich ihr das natürlich nicht gesagt. Ich hab gesagt, ich muss mal aus meinem Kopf raus und würde gern ein paar Privatstunden nehmen.

Die stellen mich tatsächlich vom Kopf auf die Füße. Oder besser: auf die Achse. Ich betrete einen Raum der Leere und des Nichtwissens. Wie ein neugeborenes Kalb mache ich erste Schritte in der Zone der Unsicherheit. Es geht um Bodenhaftung, um Erdung, um Balance. Ich darf mich beim Tanzen nicht an der anderen Person festhalten, darf sie nicht schieben oder ziehen wollen. Meine Füße müssen zwischen den Tanzschritten immer wieder »nach Hause«, müssen sich in der Achse sammeln, dort wo sich mein Gewicht gleichmäßig um mein Skelett verteilt, dort wo Spielbein und Standbein sich begegnen, dort wo Hase und Igel sich Gute Nacht sagen, dort wo sich die Innenseiten meiner Fersen küssen. Ruhe und Bewegung. Tempo, Ruhe und Bewegung. Spüren. Den Partner spüren. Im Kontakt sein. Immer im Kontakt sein. Hier entschlüsselt sich auch das »Bei sich sein«, von dem in Heiligenfeld immer gesprochen wurde. Wenn ich nicht bei mir bin, sondern bei anderen, wie soll ich dann gefunden werden? Nur wenn ich bei mir bin, bin ich zu Hause. Der Besucher kann klingeln, und ich öffne die Tür.

Wie die Tänzer, die ich im Sommer sah, will ich mitten im Tanz die Führung abgeben, diesen Wechsel spielerisch leicht auch im Leben vollziehen können. Ich will kommunizieren lernen jenseits von Buchstaben und Wörtern. Ich will mich selbst einsammeln.

Einmal, auf einem klassischen Tangofestival, schieben mich Machomänner über die Tanzfläche. Ein Hin- und Herwerfen der Zügel ist hier nicht möglich. Die klassische Machtverteilung, der Testosteron-und-Aftershave-Geruch, das Mich-entgegenlehnen-Sollen, der Hang des Old-fashioned-Tanzmanns zum Erklärbär, stoßen mich ab. Ich bin jetzt woanders. Ich will euch nicht folgen.

Beim Queer Tango, der die Klischees zerbricht, der das starre Rollenverständnis hinterfragt, habe ich beide Optionen: folgen und führen. Führen bedeutet, die Kontrolle zu haben, die Richtung zu bestimmen. Wenn ich führe, steht alles in meiner Macht: Schrittlänge, Tanzfigur, Tempo. Aber ich muss immer einen Plan haben, wie Egon Olsen von der Olsenbande.

Und das Folgen? Was ist seine innere Natur? Bedeutet es Gehorsam oder Hingabe, Unterwerfung oder Vertrauen? Hier liegt mein Manko. Das Führen liegt mir mehr. Zumindest behaupte ich hartnäckig, dass es so sei. Es ist Teil meiner Selbstinszenierung, eine Variation auf mein Ablehnen der klassischen weiblichen Rolle. Aber drückt sich im Beharren nicht auch die in Schmidbauers Buch beschriebene »Vermeidung von Gegenseitigkeit« aus? Meine Tangolehrerin fragt, ob ich das Folgen mal probieren möchte. Ich soll die Augen schließen. Soll mich führen lassen. Soll die Musik mich bewegen lassen. Die Kontrolle abgeben? Code Red!

In meiner Ausbildung zur Familienaufstellerin gab es eine Übung, in der eine zweite, eine fremde Person, also irgendjemand, für mich selber im Zimmer steht. Ich (als ich selbst) musste mich mir (also dieser Person) nähern, sie anschauen, annehmen, schließlich umarmen. Das war überraschend schwierig. Es war auch fremd. Und schön. Und irgendwie extrem traurig.

Vielleicht haben wir Platon missverstanden? Vielleicht sind wir selbst Kugelmenschen, müssen erst Kugelmenschen werden. Vielleicht ist die Lösung, mich erst innerhalb meiner Person zu komplettieren, ehe ich in Beziehung zu anderen sein kann, egal ob Helfer- oder Liebesbeziehung oder eine Kombination aus beiden. Erst muss ich selbst Topf und Deckelchen sein. Erst muss ich ganz werden, heilen, wachsen, und dann, so hätte es meine Omi formuliert, wird sich »alles schon hinruckeln«, dann kommt auch mein Helferimpuls in die Balance. Er wird sozusagen um den Selbsthelferimpuls ergänzt.

»Entspanne dich. Lass das Steuer los. Trudle durch die Welt. Sie ist so schön«, schreibt Tucholsky. Ich lenke mein Lebensschiff, meine Füße stehen sicher auf den Planken. Ich halte das Steuerrad fest in der Hand. Ich fülle meine Lungen bei jedem Atemzug mit frischem Sauerstoff. Ich bin windgestählt, kampferprobt, trotze jedem Unwetter, ignoriere Sirenengesänge, umschiffe Strudel, lasse mich nicht in die Finsternis driften. So weit die Selbststeuerungsmetapher aus der Therapie.

Jenseits davon greifen nur maßgeschneiderte Bilder. Mein Element ist das Feuer, nicht das Wasser. Im Schattenreich unbewussten Handelns war mein Leben ein gefesselter Tanz, ein ferngesteuerter, von Prägungen, Konventionen, gesellschaftlichen Erfordernissen dirigierter Tanz. Nicht »der Urgeist« hat mich bewegt, sondern eine äußere Maschinerie. Mit jeder Bewegung, jeder Facette, die ich aus dem Schattenreich in mein Bewusstsein hole, löst sich eine der Fesseln. Im Moment befinde ich mich sozusagen im Stadium permanenter Entfesselung. Wie in der Pilatesübung, die meine Trainerin »Badewasser prüfen« nennt, tauche ich die Fußspitze vorsichtig in Bereiche jenseits der eigenen Kontrolle, erst nur den großen Zeh, ohne mein Gewicht zu verlagern, dann den Vorderfuß mit zwanzig Prozent Verlagerung, erst langsam, sehr langsam, und nach und nach wechselt das Gewicht ins Neue, Unwägbare. Was ist dort draußen? Ist es stabil? Wird es mich tragen? Werde ich ins Bodenlose fallen? Mich verlieren? Mich verletzen? Will ich das riskieren? Ja!, würde Martha Nussbaum rufen. Ja, ja, ja! Sei eine Pflanze, sei fragil, setze dich aus!

Für mich ist der Tango mehr als ein Tanz, er ist eine Metapher fürs Leben, ein Zusammenspiel zweier gegensätzlicher Kräfte, Yin und Yang, Krank und Gesund, Geben und Nehmen, ein Bewältigungswerkzeug für Menschenbeziehungen, eine spirituelle Partnerübung, ein – gegenseitiges – Anlehnen, ein – gegenseitiges – Stützen, ohne zu tragen, ein Mit-jemandem-da-Sein, aber nicht für ihn/sie. Wenn Martin Buber sagt: »Der Mensch wird am Du zum Ich«, dann spricht er vielleicht auch von der Abgrenzung, an der es mir fehlt, wenn sich in Helfer- und Liebesbeziehungen mein ICH im WIR auflöst. »Stopp! Bis hierhin und nicht weiter!«

Ich lebe nicht auf der Spitze meines Kugelschreibers, nicht im luftleeren, auch nicht im lustleeren Raum. Ich bin, ob ich will oder nicht, Teil eines Beziehungsgeflechts, in dem sich mein Selbst behaupten muss. Insofern ist Selbstlosigkeit eine gefährliche Illusion. Jage ich ihr nach, dann nehme ich mir etwas weg, das mich nährt, etwa wie eine Mutter, die immerzu stillt, aber nie isst.

In Katharina Ohanas Buch *Gestatten: Ich,* dessen erste Lektüre vor acht Jahren bei mir noch nicht auf fruchtbaren Boden fiel, lese – und verstehe – ich jetzt, dass die Erfüllung unserer Kindersehnsüchte später niemals mehr möglich ist, dass ich das kapieren muss, um zu reifen. Meine Erkenntnis daraus ist schmerzlich: Ich will »um meiner selbst willen« geliebt werden, aber mein Selbst ist nicht so stark entwickelt, wie ich permanent vortäusche. Wie soll das mickerige Ding jemand lieben? Aus meiner Kerngruppe in der psychosomatischen Klinik kriege ich die Rückmeldung, dass ich »zu cool« sei. Mir fallen Sätze aus meiner Kindheit ein: »Reiß dich zusammen.« – »Mach nicht so ein Theater.« Meine Freundinnen haben ähnliche Glaubenssätze mit auf den Weg bekommen: »Stiff upper lip«, »Augen zu und durch!« oder »Hab dich nicht so!« Unsere Eltern haben das von ihren Eltern gehört und die von ihren, und die von ihren.

Ohana schreibt, dass das Helfersyndrom eine typisch

autoaggressive Verhaltensform ist. Und autoaggressiv ist jemand, der im Innersten daran zweifelt, ein schönes Leben verdient zu haben. Meldet sich da die kleine Sabine, die nie satt geworden ist? Die sich immer nur zusammenreißt, tief verunsichert unter all der Coolness? Bin ich autoaggressiv? Ich muss daran denken, was Robert Betz sagte: »Nachher steht auf Ihrem Grabstein ›… und die Else kämpfte bis zum Ende‹.«

Muss ich kämpfen, damit andere mich für selbstbewusst halten? Ist mein selbstsicheres Auftreten ein permanentes Übertünchen, ein Nicht-wahrhaben-Wollen, ein unbewusstes Vorspiegeln falscher Tatsachen? Wie oft habe ich mich vor Menschen geschämt, die weniger erfolgreich sind als ich, habe meine Lebensleistung heruntergespielt, lapidarisiert, habe mich selbst entwertet, um den Abstand zu verringern. Am liebsten hätte ich jeden Einzelnen dafür um Entschuldigung gebeten.

Nachdem ich also nun ein ganzes Buch lang versucht habe nachzuweisen, dass das Helfersyndrom die wenig zielführende Pathologisierung einer löblichen und grundguten Kraft ist, muss ich nun doch auf den letzten Seiten fürchten, dass ich mir das vielleicht schöngeredet habe, dass ich vielleicht doch insgeheim permanent Buße tue aus einem frühkindlich gefühlten Defizit heraus, dass Schuld und Scham meinen Gerechtigkeitsdurst auslösen, nicht etwa vorinstallierter, erworbener oder per Beschluss erfolgter Edelmut. Meine Kreativtherapeutin in der Heiligenfeld-Klinik malte mir das Dramadreieck auf und empfahl mir warm, mich um mein »inneres Opfer« zu kümmern. Mein – was? Das war so ein Spruch meines Mannes:

»Opfer ist man nicht.« Ist vielleicht alles nur eine Frage des Maßes? Sollte es wirklich so einfach sein?

Kehre ich zum Bild des Paartanzes zurück, dann sind Kommunikation und Kontakt nur möglich, wenn beide Partner auf Augenhöhe, wenn sie ebenbürtig sind. Es begegnen sich zwei Menschen. Jeder von ihnen hat seinen Tanzbereich. Jeder steht in seiner Achse. Beide müssen einander zuhören, wahrnehmen, erspüren, und doch steht jeder für sich selbst.

Indem ich mir die Technik des Tanzes einverleibe, indem ich mit meiner Tanzpartnerin kommuniziere, mit ihr in Kontakt bin, ohne zu verschmelzen, ohne Absicht, ohne Fahrplan, lerne ich wieder zu vertrauen.

Ich lasse mich ein. Ich lasse zu. Ich lasse los.

Ich verarbeite. Ich heile. Ich öffne mich. Ich verliebe mich in Astrid, die Tangolehrerin. Das Tanzen mit ihr hilft mir, im Moment zu sein. Es bringt mich in den Flow, rankt sich in alle Verästelungen meines Körpers. Ich bin nicht nur äußerlich in Bewegung, ich bin berührt. Berührt und geschüttelt. Touched and shaken.

Und was das Beste ist: Mein inneres Team tanzt mit, Häubchen-Else mit Krank-Else, Kopf-Else mit ihrem Körper, die kleine Sabine mit der messerwerfenden Else.

Silvester mache ich dieses Jahr keine Nachtschicht in der Bahnhofsmission. Silvester werden Astrid und ich auf einer Milonga ins neue Jahr tanzen.

»Das ist jetzt einfach mal dran, Else«, sagt Astrid.

Voilà, Madame! Lassen wir die Lawine rollen!

DANKE

Shaimaa Al Zeben, Dr. Ingrid Allwardt, Lilas Alsaadi, Ichgola Androgyn, Shiva Baberowski, Lars Becker, Dr. Tim Behme, Robert Betz, Michael Betzner-Brandt, Sabrina Carroll, Ulrike Carstens, Luisa Cifuentes Ladino, Ana Beatriz Coelho de Almeida, Israel Demirjan, Doris Dörrie, Prof. Dr. Karsten Dreinhöfer, Kristina Drevikovsky, Schwester Monika Düllmann, Sita Englert, Herbert Feuerstein, Christoph Fink, Axel Foerster, Großmeister Shuanglai Fu, Matthew Fultz, Nick Fultz, Joachim Gauck, Sari Goodfriend, Sandra Guhl, Ann-Marlene Henning, Kalle Herold, S. Leah Herz, Gerhard Moses Heß, Najm Jaber, Selina Jung, Dr. Martin Kämpchen, Susanne Karimi, Adrianna Klosowski, Adolfo Bezerra de Menezes, Winfried Mensing, Antje Mühle, Henriette Ohno, Richard Jack Pard, Sissi Perlinger, Chomchai Piepenburg, Prof. Dr. Bernhard Pörksen, Dieter Puhl, Laurindo Rabelo, Stefan Rippelmeier, Marina Roschankowa, Dr. Anne Derke Rose †, Dr. Xiao-Lan Ross, Daniela Schadt, Prof. Dr. Hugo Schmale, Dr. Wolfgang Schmidbauer, Erna Schmidt †, Jana Schmitz, Frauke Schuck, Marco Schüllner, Annette Simon, Monika M. Sommer, Fruma Spielberg, Kathrin Steinke, Paul Tempel, Dr. Necip Torun, Bettina Vibhuti Uzler und Astrid Weiske ♥

INHALT